ZEITBEWUSST - SELBSTBESTIMMTES ZEITMANAGEMENT FÜR FRAUEN

JULIE WESTPHAL

Impressum
1. Auflage 2021 ungekürzt

Julie Westphal wird vertreten durch:
Carolin Schwab, Breitwiesenring 13, 63110 Rodgau

Bei Fragen und Anregungen:
info@blue-hour-publishing.com

Print: Amazon Media EU S.à r.l., 5 Rue Plaetis,
L-2338, Luxembourg

Covergestaltung und -Illustration: Alodia Yap

ISBN 9798594832466

INHALTSVERZEICHNIS

VORWORT

„Ein voller Terminkalender ist noch lange kein erfülltes Leben.“ (Kurt Tucholsky)

Vor einigen Jahren war ich chronisch beschäftigt. Berufliche und private Termine immer im Wechsel. Meine eigenen Termine, die Termine meiner Kinder und meines Mannes immer mit im Kopf. Die Termine für Familienmitglieder habe ich meist ohne überhaupt erst zu fragen selbständig organisiert - denkt ja sonst eh' keiner dran. So dachte ich zumindest. Kinder zum Kindergarten bringen, auf die Arbeit hetzen, Kinder wieder abholen und beschäftigen, Haushalt machen, Kinder ins Bett bringen, noch ein bisschen Homeoffice, weil ich mein Pensum auf der Arbeit nicht geschafft habe, um dann anschließend todmüde ins Bett zu fallen. Und schon wieder war ein Tag vorbei an dem ich gefühlt kaum zu Atem kam und trotzdem nicht alles geschafft habe, was ich mir vorgenommen hatte. Abends war ich nie zufrieden mit dem vergangenen Tag. Stattdessen habe ich mich ständig gefragt, wie ich all die Dinge bewältigen soll, die noch auf meiner endlosen To-Do-Liste stehen. Wie kann ich den Menschen gerecht werden, die so viel von mir erwarten? Wie zum Teufel schaffen es die anderen alles so scheinbar einfach unter einen Hut zu bekommen und dabei noch entspannt zu wirken? Ich war völlig ratlos. Zeit zu zweit? Zeit nur für mich? Fehlanzeige. Schöne Momente konnte ich nur noch selten genießen, weil ich ständig an die noch zu bewältigenden Aufgaben gedacht habe. Nach einer viel zu kurzen Nacht bin ich müde in einen neuen Tag gestartet ...und alles ging wieder von vorne los.

Lange habe ich versucht, mir nichts anmerken zu lassen. Aber ich wurde immer unzufriedener und fühlte mich nur noch erschöpft. Meine Familie und meine Freunde haben zwar meine wachsende Gereiztheit wahrgenommen, taten das aber lustig als „emotionsflexibel" ab. Sie konnten sich selbst keinen Reim auf meine Stimmungslage machen, da doch eigentlich alles wie immer war. Es lief ja alles. Ja, das tat es. Aber nur weil ICH es am Laufen hielt.

Findest du dich in meiner Erzählung wieder? Das tut mir leid. Ehrlich! Aber es war auch irgendwie nicht anders zu erwarten, denn so wie mir geht es doch so vielen anderen Frauen (und bestimmt einigen Männern) auch. Positiv ist auf jeden Fall, dass du erkannt hast, dass das Thema Zeitmanagement ein gewisses Verbesserungspotenzial für dich birgt. Sicher wirst du ebenfalls bemerkt haben, dass die Literatur zu diesem Themengebiet fast ausschließlich von Männern stammt. Doch auch Frauen können wichtige Aspekte zum Thema Zeitmanagement beitragen, die bisher kaum Beachtung gefunden haben. Welche das sind, wirst du in den nächsten Kapiteln erfahren.

Für Frauen ist das Zeitmanagement mindestens genauso wichtig wie für Männer, denn auch wir wollen beruflichen Erfolg, eine glückliche Zeit mit der Familie und ebenso eine erfüllende Zeit für uns selbst. Gleichzeitig leben wir jedoch ein etwas anderes Leben als Männer und haben daher andere Bedürfnisse und Wünsche. Die Angst, in dieser Thematik völlig vergessen zu werden, ist aus Sicht der Frau daher leider völlig berechtigt.

Wir müssen uns nichts vormachen: Auch dein Tag hat nur 24 Stunden. Entscheidend ist, wie du diese 24 Stunden gestaltest und wie du deine vorhandene Zeit nutzt. Dabei solltest du ruhig langfristig denken und die Zeit nicht nur Tag für Tag betrachten. Mit deinen persönlichen Zielen im Blick arbeitest du Schritt für Schritt an dem Leben, dass du dir erträumst.

„Carpe diem" - unter diesem Leitsatz soll auch dieses Buch stehen, denn Zeitmanagement ist für jede Frau wichtig, egal welchen Beruf sie ausübt oder wie die weiteren Lebensumstände sind. Gerade in der heutigen Zeit, in der wir Frauen mitten im Berufsleben stehen und gleichzeitig noch Familie und Freizeit unter einen Hut bekommen müssen, ist es umso wichtiger geworden, den Tag gut zu planen und so zu managen, dass alles in Balance ist. Dass dies vielen Menschen nicht besonders gut gelingt, zeigen leider auch aktuelle Befragungen zu Erkrankungen wie dem Burn-out. Die Statistiken zeigen deutlich, dass die Fallzahlen für psychische Krankheiten, die mit Stress und wachsendem Zeitdruck in Verbindung gebracht werden, weiterhin ansteigen.

Umso wichtiger ist es, dass du dich dazu entschieden hast, dein Zeitmanagement selbst in die Hand zu nehmen und positiv zu verändern. Dieses Buch wird dir dabei helfen. Es wird dir auch zeigen, wie du deine Ziele im Blick behalten kannst und motiviert bleibst.

Eines verspreche ich dir: Du musst nicht damit rechnen, hier nur starre Methoden vorzufinden, wie Zeitmanagement in der Theorie funktionieren kann. Stattdessen findest du Denkanstöße, Tipps und Anregungen für ein ganzheitliches Zeitmanagement, mit denen du sofort und langfristig eine Verbesserung erzielen kannst. Legen wir los?

ZEITMANAGEMENT – BRAUCHE ICH DAS?

Zeitmanagement soll uns lehren, unsere Zeit besser zu nutzen, Aufgaben effektiver zu erledigen und damit mehr freie Zeit am Stück zu erhalten. Zeitmanagement ist aber auch deshalb so sinnvoll, damit wir lernen achtsam und selbstbestimmt mit unserer Zeit umzugehen.

Ein erster wichtiger Schritt ist zu erkennen, dass deine Zeit kostbar ist und nicht unendlich zur Verfügung steht. Stelle dir bitte die folgenden Fragen:

„Wenn heute der letzte Tag meines Lebens wäre, kann ich dann rückblickend sagen, dass ich glücklich war?" und „Habe ich meine Lebenszeit gut genutzt?"

Vermutlich sind deine Gedanken hierzu recht elementar und drehen sich zunächst um die großen Bereiche im Leben, von denen wir geprägt sind: Habe ich eine/n Lebenspartner/in gefunden? Besitze ich ein eigenes Haus? Konnte ich eine eigene Familie gründen, habe ich meinen Traumjob gefunden, etc.

Eines Abends kamen mir diese Fragen einfach so in den Sinn und ich dachte intensiv darüber nach, was ich im Leben ursprünglich erreichen wollte. Was meine Träume waren. Viele davon, wie meine eigene Familie zu gründen, habe ich realisiert. Einige meiner Wünsche haben sich aber nicht erfüllt und ich spürte, dass mir das teilweise wirklich weh tat. Ich hatte einige echte Herzenswünsche verloren.

Als das wahre Leben passierte sind sie einfach immer mehr in den Hintergrund gerückt und ich habe sie vergessen oder verdrängt. Aber ich spürte, dass sie mir immer noch wichtig waren. Warum das auch für dich wichtig sein wird, erkläre ich dir später noch.

In mir wuchs die Erkenntnis, dass - selbst wenn ich morgen nicht mehr da sein sollte und einige meiner Ziele noch nicht erreicht habe - ich dennoch das Gefühl haben wollte, alles dafür gegeben zu haben. Mir wurde klar, dass ich der Zeit nur deshalb hinterherlief, weil ich andere Menschen über meinen Terminkalender bestimmen ließ. Ich hatte vorher immer geglaubt, dass ich diejenige war, die für andere plant aber es war genau umgekehrt. Das war ein Schock. Aber ein heilsamer.

Zeitmanagement ist auch immer eine Art von Selbstmanagement und damit ein wichtiger Teil der Persönlichkeitsentwicklung. Zeitmanagement ist jedoch nicht mit dem Kauf eines Terminplaners erledigt. Der Planer, egal ob aus Papier oder digital, ist nur ein hilfreiches Tool für das Zeitmanagement. Mit der Nutzung eines Terminplaners hast du lediglich einzelne Termine eingetragen, die dich Zeit kosten. Die Kunst ist vielmehr diese zuerst zu hinterfragen und durch kluges agieren eine Balance in allen Lebensbereichen zu finden. Nicht jeder Termin ist gleich wichtig. Manche davon können daher leicht verschoben oder sogar ganz ausgetragen werden. Du hast doch einen Terminplaner oder?!

ÜBUNG: Schau in deinen Terminplaner und überprüfe, ob du deine Planung für die kommende Kalenderwoche optimieren kannst: Welche der vereinbarten Termine müssen wirklich sein? Welche können leicht und ohne dass dir daraus ein Nachteil entsteht, verschoben werden? Welche Termine musst Du vielleicht gar nicht selbst wahrnehmen? Was möchtest Du wirklich gar nicht tun? Handle entsprechend indem du Termine so verschiebst, dass sie besser in deinen Tages- oder Wochenplan passen. Schau, ob du Termine, die du nicht selbst wahrnehmen musst, an eine andere Person übertragen kannst. Überlege, ob du die ganz unangenehmen Termine wirklich wahrnehmen musst. Vielleicht geht die Welt gar nicht unter, wenn du sie absagst ...

FÜR ALLE DAS GLEICHE?

Es klingt so einfach: Lies dir ein Buch zum Zeitmanagement durch und alle deine Probleme sind gelöst. Doch so leicht ist das leider nicht!

Zeitmanagement ist nicht gleich Zeitmanagement, weil sich nicht jede Methode für jede Frau eignet. Natürlich wäre es einfacher und schöner, wenn ich dir die perfekte Anleitung liefern könnte, nach der dein Zeitmanagement funktioniert. Die Wahrheit ist jedoch, dass du dein Zeitmanagement selbst entwickeln musst. Deine eigene Persönlichkeit spielt dabei eine große Rolle und soll unbedingt berücksichtigt werden. Andernfalls fühlst du dich in ein Muster hineingezwungen und wirst trotz angewandtem Zeitmanagements nicht erfolgreich werden.

MERKE: Deine eigene Persönlichkeit und die Art der Problemstellung entscheiden darüber, welche Zeitmanagement-Methoden sich für dich am besten eignen.

WARUM GUTES ZEITMANAGEMENT FÜR FRAUEN ANDERS FUNKTIONIERT

Typisch Frau: Obwohl wir wissen, dass unsere eigene Zeit wertvoll ist nehmen wir trotzdem oftmals keine Rücksicht auf unsere eigenen Bedürfnisse, sondern reagieren vermehrt auf die Wünsche anderer und richten uns nach deren Prioritäten.

Wer ohnehin schon viel arbeitet, eine Familie zu versorgen und gesellschaftliche Verpflichtungen hat, reagiert dabei oft allergisch auf gute Ratschläge sich mehr persönliche Auszeiten zu gönnen um wieder Kraft zu tanken. Dabei schränken sich vor allem Frauen stark selbst ein und setzen persönlich befriedigende Tätigkeiten zeitweise aus oder verzichten ganz auf sie – obwohl diese bei der gesunden Bewältigung von Belastungsphasen notwendig sind.

Um sich besser zu organisieren und seine Zeit sinnvoll einzusetzen wurden in der Vergangenheit verschiedene Methoden und Techniken entwickelt und stetig kommen neue hinzu. Allerdings können diese meist nur auf Teilbereiche des Lebens und Arbeitens angewendet werden. Zum Beispiel schreiben wir eine To-Do-Liste, um nichts zu vergessen oder nutzen eine bestimmte Methode um unsere Prioritäten zu ordnen. Aber selbst wenn wir Frauen uns intensiv mit dem klassischen Zeitmanagement auseinandersetzen und uns um klare Strukturen bemühen, funktioniert es trotzdem nicht die Methoden auf alle täglichen Aufgaben anzuwenden. Der Grund dafür ist, dass unser Alltag so vielfältig und komplex ist, dass es einfach nicht ausreicht, den Fokus auf einzelne Aufgaben zu legen und diese mittels Zeitmanagement-Methoden zu optimieren. Ein gutes Zeitmanagement für Frauen braucht deshalb eine ganzheitliche Betrachtungsweise und das Wissen über die vielen verschiedenen Stellschrauben, die das Zeitbudget beeinflussen. Zudem ist unsere Welt so schnelllebig geworden, dass wir uns ständig mit neuen Informationen konfrontiert sehen, auf die wir reagieren müssen. Deshalb brauchen wir Methoden, die sich flexibel einsetzen und verändern lassen.

SELBSTREFLEXION

Jetzt kennst du schon einige wichtige Aspekte des Zeitmanagements. Bevor du dich jedoch näher damit beschäftigen kannst, welche der verschiedenen Zeitmanagement-Methoden und Stellschrauben für dich geeignet sind, solltest du deine eigene Ausgangssituation analysieren. Das klingt auf den ersten Blick einfacher als es wirklich ist. Dazu musst du nämlich ganz ehrlich zu dir selbst sein und das ist gar nicht so leicht.

Wir möchten uns keine Schwächen zugestehen und reden uns deshalb oft ein, dass alles gut ist, obwohl uns das Wasser buchstäblich schon bis zum Hals steht. Wenn du dieses Buch in den Händen hältst, dann hast du bereits erkannt, dass es sinnvoll ist, sich selbst zu reflektieren und nach Verbesserungsmöglichkeiten Ausschau zu halten. Dies bedeutet in diesem Fall die Notwendigkeit deine eigene Ausgangssituation gründlich zu analysieren und schriftlich festzuhalten. Das ist aus vielerlei Hinsicht wichtig. Du stellst fest, welche Lebensbereiche betroffen sind und wo deine Schwachstellen sind. Außerdem kannst du später darauf zurückblicken und die Erfolge direkt messen. Diesen Schritt auszulassen, kann ich nicht empfehlen. Denn dann läufst du Gefahr wichtige Punkte zu übersehen. Außerdem wirst du die Verbesserungen schwerer wahrnehmen. Dadurch verlierst du vielleicht die Motivation weiterzumachen, obwohl du bereits positive Veränderungen in deinem Leben erzielt hast.

DEINE AUSGANGSSITUATION

Nimm dir Stift und ein Blatt Papier oder ein schönes Notizbuch zur Hand und sorge dafür, dass du eine Weile ungestört bist. Die Aufzeichnungen sind nur für dich da. Deshalb gibt es keinen Grund dich zu belügen. Je ehrlicher und genauer du die nachfolgenden Fragen beantwortest, desto optimaler ist die Basis zum Verbessern deines Zeitmanagements.

- Wo liegen deine größten zeitlichen Probleme?
- In welchen Bereichen bist du momentan besonders unzufrieden?
- Welche Aufgaben fallen dir besonders schwer?
- Bist du immer konsequent bei einer Aufgabe oder versuchst du, mehrere Dinge gleichzeitig zu erledigen?
- Nimmst du dir zu viel vor?
- Wovon lässt du dich ablenken?
- Welche Aufgaben schiebst du vor dir her?
- Was stresst dich im Alltag am meisten?
- Was davon ist positiver und was negativer Stress?

Bewahre deine Antworten gut auf. Du kannst sie jederzeit erneut lesen, überprüfen und verändern.

Wie fühlst du dich jetzt? Nachdem du alle Fragen beantwortet hast kann es durchaus sein, dass du unzufrieden bist, weil du jetzt schwarz auf weiß siehst wo es nicht rund läuft. Doch lass' dich davon nicht entmutigen. Du bist bereits auf dem besten Weg, dein Leben positiv zu verändern.

Wenn du mit deinem bisherigen Zeitmanagement einigermaßen zurecht kamst befürchtest du möglicherweise, dass neue Strukturen und Methoden deinen Alltag durcheinander bringen und vielleicht sogar negativ beeinflussen könnten. Doch keine Angst, wir starten langsam. Jede noch so kleine Veränderung ist bereits ein Schritt in die richtige Richtung. Es ist auch gar nicht sinnvoll von jetzt auf gleich dein gesamtes Leben umzukrempeln und alles auf einmal zu verändern. Das würdest du nicht lange durchhalten und schnell wieder in deine alten Routinen zurückfallen. Wichtig ist, dass du während des Veränderungsprozesses immer deine Ziele vor Augen behältst. Warum und wie du diese herausfindest, darum geht es im nächsten Kapitel.

DEINE ZIELE – DEINE MOTIVATION

Am Ende des ersten Kapitels habe ich dich darauf hingewiesen, dass den Zielen noch eine besondere Bedeutung in diesem Buch zukommt. Ziele sind existenziell für deine Persönlichkeitsentwicklung und somit auch für dein Zeitmanagement. Wie bereits beschrieben, richten Frauen ihr Leben oft stark nach den Bedürfnissen anderer Menschen aus und stellen die eigenen Wünsche hinten an. Es gibt Menschen, die haben sich tatsächlich noch nie Gedanken darüber gemacht, was ihre persönlichen Ziele sind. Oft sind Ziele nur schwammig und nicht konkret genug formuliert. Dahinter steckt meist der Glaube, die Ziele sowieso nicht verwirklichen zu können und die Angst, sich selbst zu enttäuschen. Doch jeder Mensch hat Ziele und das Arbeiten damit ist aus den folgenden Gründen unverzichtbar:

- Ziele geben unserem Leben und Handeln einen Sinn. Sie sind der Grund, warum wir etwas tun oder unterlassen.
- Ziele sind notwendig, denn sie geben die Richtung vor, in die wir uns bewegen. Wenn wir nicht wissen wohin wir wollen, werden wir dort auch nicht oder nur über Umwege ankommen.
- Ziele sind messbar. Wir können am Erfolg oder Misserfolg unsere Fortschritte messen und sehen, ob wir unseren Zielen näher kommen oder uns von ihnen entfernen.

- Ziele steuern unser Verhalten. Wenn wir etwas wirklich wollen verhalten wir uns so, dass es dem Ziel zuträglich ist.
- Ziele sind unser Antrieb etwas bestimmtes erreichen zu wollen. Ohne sie fehlt uns die Motivation und wir geben auf.

Das Vorhandensein von Zielen weist auch immer auf einen Willen zum Erfolg hin. Nicht umsonst ist eine der häufigsten Fragen in Vorstellungsgesprächen „Wo sehen Sie sich in X Jahren?" Damit wird getestet, ob die Bewerberin oder der Bewerber zielstrebig ist und Pläne für ihr/sein Leben hat.

Im Hinblick auf dein Zeitmanagement lohnt sich das Arbeiten mit deinen Zielen in doppelter Hinsicht: Erstens erschließt sich dir dann, warum du mit einem verbesstern Zeitmanagement Zeit gewinnen willst und zweitens, was du mit deiner freien Zeit anfangen kannst. Deine Ziele sind dabei dein Motivator - das, was dich antreibt und durchhalten lässt. Ein Ziel ist ein Traum mit Termin.

ZIELE FINDEN

Bis wir selbst erwachsen sind, werden viele unserer Ziele von den Eltern, deren Werten und den Erwartungen der Gesellschaft beeinflusst. Ein möglichst guter Schulabschluss und eine vernünftige Ausbildung sind oft auf die Wünsche und Bemühungen der Eltern zurückzuführen, auch wenn das natürlich keine schlechte Lebensgrundlage und deshalb nicht negativ zu bewerten ist.

Beachte, dass für das Arbeiten mit deinen eigenen Zielen diese jetzt nicht mehr durch andere Personen beeinflusst sein dürfen. Es müssen Dinge sein, die du selbst erreichen willst. Du sollst nicht versuchen damit anderen zu gefallen oder die Ziele anderer Menschen zu adaptieren. Das wird dich selbst nicht glücklich machen und am Lebensende solltest du auf ein für dich erfülltes Leben zurückblicken können.

Wenn es dir schwer fällt, den Einstieg bei der Suche nach deinen Zielen zu finden, empfehle ich dir zuerst einmal alle Ideen und Gedanken aufzuschreiben, die dir in den Sinn kommen. Je intensiver du dich damit beschäftigst, desto besser kannst du einschätzen, ob es sich dabei um wirkliche Ziele handelt oder ob es sich doch nicht lohnt, sie weiter zu verfolgen.

Es ist ratsam, sich beim Zusammentragen der Ziele nicht nur auf einzelne Bereiche zu beschränken. Andernfalls läufst du Gefahr, wichtige Teilbereiche deines Lebens zu vernachlässigen. Als Beispiel: Wenn du dich nur auf deine Karriere fokussierst, kann die Familienplanung darunter leiden. Versuche deshalb alle Bereiche deines Lebens zu berücksichtigen. Das hilft dir außerdem den Überblick über das große Ganze zu behalten. Mögliche Kategorien sind zum Beispiel:

- Familie/Freunde
- Ausbildung/Studium/Beruf/Karriere
- Weiterbildung/Fortbildung
- Verhalten/Persönlichkeitsentwicklung
- Finanzen/finanzielle Bildung
- Gesundheit/Sport
- Freizeit/Hobbies

Ergänze die Kategorien, wenn du möchtest und gehe sie eine nach der anderen durch. Wenn du keine Kinder haben möchtest kann es dein Ziel sein, glücklich mit einem Partner / einer Partnerin zusammenzuleben. Was möchtest du im Beruf erreichen? Willst du aufsteigen, umsteigen oder ganz aus dem Berufsleben aussteigen? Möchtest du dich in einem bestimmten Bereich weiterbilden oder eine neue Sprache lernen? Welche Kenntnisse und Fähigkeiten möchtest du in Zukunft noch erlangen? Gibt es irgend-etwas an deinem persönlichen Verhalten, das du verändern möchtest? Möchtest du mehr Geld verdienen? Was möchtest du mit deinem Geld machen? Ist es dir auch wichtig, körperliche Ziele zu erreichen? Vielleicht möchtest du mehr Fitness machen oder achtsamer mit deinem Körper umgehen. Welche Dinge machen dir Freude? Es kann durchaus ein Ziel sein, wieder mehr einem bestimmten Hobby nachzugehen.

Du siehst, man kann in allen Bereichen leicht verschiedene Ansätze finden aus denen sich konkrete Ziele formulieren lassen. Welche Themengebiete für dich relevant sind, entscheidest du aber ganz allein. Lass dir Zeit dabei. Es ist nicht erforderlich, dass du dich hierfür unter Zeitdruck setzt. Das Ergebnis zählt und dass es sich richtig für dich anfühlt.

ZIELE RICHTIG FORMULIEREN

Damit du deine Ziele visualisieren kannst und nicht aus dem Blick verlierst, musst du sie aufschreiben. Das hat zudem den Vorteil, dass du immer wieder kontrollieren kannst, ob du Fortschritte machst und noch auf dem richtigen Weg bist.

Achte darauf die Ziele richtig zu formulieren. Was bedeutet das genau? Ziele sollten ganz konkret das beschreiben, was du erreichen möchtest. Dabei solltest du realistische Ziele auswählen. Entscheidend ist es außerdem, dass du all deine Ziele positiv formulierst. Nicht „Ich möchte nicht immer nur in Europa Urlaub machen." Sondern „Ich werde in 5 Jahren eine Weltreise machen bei der ich alle 5 Kontinente in 6 Monaten bereisen werde." Bei diesem Beispiel könnte man noch konkreter werden und zum Beispiel Reisepartner, Budget, Reiseroute, etc. hinzufügen. Alles, was du zum jetzigen Zeitpunkt schon zu deinem Ziel im Kopf hast, schreibst du auf.

Natürlich lässt sich nicht alles 100%ig genau planen und das ist auch gar nicht wichtig, doch die Mühe, die konkreten Ziele möglichst detailliert auszuarbeiten, lohnt sich: Du kannst dir deine Ziele viel besser vorstellen und die Visualisierung hilft dir bei der Umsetzung. Außerdem kannst du leichter erkennen, was du schon erreicht hast, wenn du deine Ziele zu einem späteren Zeitpunkt überprüfst oder überarbeitest.

Falls du dir sehr viele Ziele gesetzt hast, solltest du sie auf jeden Fall priorisieren. Das, was dir besonders wichtig ist kommt ganz nach oben. Dabei kannst du die einzelnen Ziele auch zeitlich einordnen und überlegen, was du jetzt schon für das Erreichen tun kannst. Ziele mit einer Zeitfrist zu versehen verleiht ihnen eine noch höhere Wichtigkeit. Es macht sie noch konkreter, was sich positiv auf den Erfolg auswirken wird.

Ordne deine aufnotierten Ziele deshalb auch zeitlich ein und versieh' zumindest die kurzfristigen Ziele schon mit einer konkreten Deadline:

- Was möchtest du sofort erreichen? Notiere alle Ziele die kurzfristig realisierbar sind.
- Was möchtest du in den nächsten 6-12 Monaten erreicht haben? Schreibe auf, welche Ziele du mittelfristig angehen willst.

- Was möchtest du in den nächsten 5 Jahren erreicht haben? Hierhin gehören Ziele die langfristig realisierbar sind.
- Welche Ziele möchtest du irgendwann in deinem Leben erreichen?

TIPP: Große, aufwändige Ziele können ganz schön abschreckend sein. Anstelle der Motivation tritt die Entmutigung wenn wir sehen, dass wir noch meilenweit von unserem Ziel entfernt sind. Aus diesem Grund macht es Sinn, Teilziele zu benennen, die auf dem Weg hin zu deinem großen Endziel liegen. Bei unserem Beispiel mit der Weltreise könnte das die Anmeldung zu einem Spanisch-Sprachkurs sein, der zeitnah startet.

ZIELE ÜBERPRÜFEN

Wenn du deine Ziele definiert und aufgeschrieben hast, hast du schon sehr viel geschafft! In regelmäßigen Abständen solltest du deine Notizen wieder lesen und überprüfen, was du bis dahin schon geschafft hast. Das hilft dir den Überblick zu behalten und wird dich weiterhin motivieren.

Hast du bereits ein Ziel bereits erreicht?

- Wie nah bist du der Erreichung deiner Ziele gekommen?
- Gibt es Ziele, die nicht mehr relevant sind?

Erfüllte Ziele kannst du stolz abhaken und dich freuen. Doch auch wenn du deinem Ziel bereits nähergekommen bist, ist das viel Wert. Auch diesen Erfolg solltest du aufschreiben und verinnerlichen.

Auch kann es notwendig sein, Veränderungen vorzunehmen wenn du merkst, dass zum Beispiel die zeitliche Einordnung eines Zieles nicht realistisch war. Ebenso kann es vorkommen, dass ein Ziel gar nicht mehr relevant für dich ist. Dann streichst du es einfach von deiner Liste. Und wenn sich neue wichtige Ziele ergeben haben, dann nimmst du sie nach der beschriebenen Vorgehensweise mit auf.

MENTAL OVERLOAD

Kennst du das? An einem normalen Tag wirst du, neben deinen gewöhlichen Tätigkeiten, zum Beispiel auch noch an den Geburtstag deiner Schwiegermutter denken und ein Geschenk für sie besorgen. Du bringst ein Paket zur Post und ergänzt die Einkaufliste in deinem Kopf um eine Packung Toilettenpapier weil du morgens beim Nachfüllen gemerkt hast, dass ihr bald Nachschub braucht. Du machst eine kleine Besorgung, für die nette, alte Nachbarin, die nicht mehr gut zu Fuß ist und planst dabei das Abendessen für den morgigen Tag. Du erinnerst dich selbst daran, deinem Kind morgen unbedingt den Kasten mit den Wasserfarben mitzugeben, weil es diesen für den Kunstunterricht braucht.

Eigentlich ein Auszug aus einem ganz normalen Alltag. Nicht ungwöhnlich aber aus diesem Beispiel wird klar: Frauen leisten im Alltag oft viel mehr, als sie es sich selbst eingestehen würden und oft sind die Aufgaben ganz klein und werden einfach nebenbei miterledigt. Deshalb werden sie meistens gar nicht als nennenswerte Aufgaben wahrgenommen. Dahinter steht allerdings eine immense Denkleistung, die zwar unsichtbar aber real ist. Unser Gehirn läuft aufgrund dieser Denkaufgaben im Hintergrund - dem Mental Load - stetig auf Hochtouren. Die Angst die den Mental Load befeuert ist leider oft berechtigt, denn wenn ich nicht selbst aufschreibe, dass die Zahnpasta leer ist und neue besorgt werden muss, dann bekommen wir auch keine neue. Dies nur als kleines banales Beispiel aus dem Alltag. Zum Teil sind es wirklich nur kleinste Tätigkeiten, die wir wie automatisiert direkt im Kopf absolvieren und ausführen. Unzählige kleine To-Do`s fallen täglich an und sind in unseren Köpfen immer präsent. Das führt zu Stress und irgendwann zu einem Zustand innerer Erschöpfung und Überlastung. Nichts anderes soll der Begriff Mental Overload beschreiben.

Während sich der Begriff Burn-out auf den beruflichen Bereich bezieht und sowohl Männer als auch Frauen gleichermaßen betrifft, bezeichnet der Mental Overload ein Zuviel an Aufgaben aus dem privaten Bereich und trifft damit hauptsächlich Frauen. Wen wundert das, denn es sind die Frauen, die den Hauptanteil an Care Arbeit in einer Beziehung oder Familie tragen. Care Arbeit beinhaltet kurz gesagt alle Aufgaben des Sorgens und sich Kümmerns. Beispiele für Care Arbeit sind die Arbeiten im Haushalt sowie die Kinderbetreuung. Aber auch die häusliche Pflege eines Angehörigen oder die Hilfe unter Freunden gehören dazu. Gerade diese Leistungen werden leider selten als wirkliche Arbeit anerkannt, sind unbezahlt und werden zusätzlich zu Beruf und Alltagsaufgaben bewältigt. Ich möchte hier keine Stimmung gegen Männer machen und schon gar nicht alle Menschen über einen Kamm scheren. Natürlich sorgen sich auch Männer beispielsweise um ihre Kinder aber es ist einfach Fakt, dass in diesem Bereich vor allem Frauen involviert sind. Männer sind zudem oftmals eher pragmatisch veranlagt und machen sich einfach von Natur aus weniger Gedanken. Dies wiederum führt dazu, dass sich die Frau umso mehr Gedanken macht. Zu allem Überfluss kommt noch dazu, dass den Frauen zumeist ganz automatisch die Alleinverantwortung für alle Aufgaben, die in den Bereich Care Arbeit fallen, zugeteilt wird.

Wenn du in einer gleichberechtigten Beziehung lebst und dieses Problem nicht kennst, dann ist das hervorragend. Allen anderen Frauen möchte ich Mut machen, gegen den Mental Overload anzukämpfen und sich dafür einzusetzen, dass es gesellschaftlich als Problem anerkannt wird.

Warum ich diese Thematik mit einbeziehe hat einen Grund: Mental Load hängt direkt mit dem eigenen Zeitmanagement, konkret mit einem bewussten Umgang mit der eigenen Zeit, zusammen. Ich möchte Dir deswegen einige Möglichkeiten aufzeigen, wie du wirksam gegen deinen eigenen Mental Load angehen kannst.

Maßnahme 1: Sorge dafür, dass Du gehört wirst!

Du solltest dir eingestehen, dass das Problem in deinem Alltag präsent ist und darüber sprechen. Frei nach dem Motto: Geteiltes Leid ist halbes Leid. Vermutlich wird dein Partner oder Familienmitglied in etwa so reagieren: „Ach, hättest du doch bloß was gesagt ...“ Dann ist es Zeit nochmal genau zu erklären, dass genau das das Problem ist, das zum Mental Overload führt: Wir wollen es nicht erst sagen und auf eine Aufgabe hinweisen müssen. Wir wollen, dass die Aufgabe oder notwendige Tätigkeit selbständig erkannt und genauso selbständig erledigt wird. Ohne viel Tam Tam.

Maßnahme 2: Sorge für Sichtbarkeit

Deine Gedanken sind für andere unsichtbar. Mach die Aufgaben sichtbar indem du sie aufschreibst. Dafür kannst du einfache Notizzettel nutzen und auf jeden davon eine Aufgabe schreiben. Danach teilt ihr diese auf. Das Aufschreiben sorgt auch dafür, dass du keine Angst haben musst etwas zu vergessen. Natürlich könnt ihr z.B. einen Familienplaner oder eine entsprechende App nutzen, um die Aufgaben zuzuteilen.

Maßnahme 3: Verteilt komplette Verantwortungsbereiche!

Wann immer möglich könnt ihr auch ganze Verantwortungsbereiche vergeben. So ist zum Beispiel dein Partner für sämtliche Belange eures Schulkindes zuständig und du für die eures Kindergartenkindes. Geht es um Elternabende oder sämtliche Inhalte der zugehörigen WhatsApp-Gruppen, ist die Verantwortung damit eindeutig geregelt. Das hat den großen Vorteil, das sowohl die damit verbundenen Denkaufgaben in gute Hände abgegeben sind und ihr euch zudem nicht in die Quere kommt. Ein weiteres Beispiel für einen Verantwortungsbereich wäre das Besorgen von Geburtstagsgeschenken. Ob es um alle Geschenke oder nur um die innerhalb der Familie geht entscheidet ihr selbst. Ich denke, du hast verstanden worauf ich hinaus will.

Maßnahme 4: Fordere Hilfe ein / nimm Hilfe an!

Das ist etwas was vielen Frauen unglaublich schwer fällt. Trotzdem ist es total wichtig. Wann immer du merkst, dass es dir zu viel wird, solltest du um Hilfe bitten. Solltest du unaufgefordert Hilfe angeboten bekommen, dann nimm sie unbedingt an. Da hat jemand gesehen oder gespürt, dass Unterstützung notwendig ist. Oder vielleicht wollte er oder sie einfach nur nett sein. Egal! Nicht darüber nach-denken - einfach annehmen.

Maßnahme 5: Gehe als gutes Vorbild voran!

Wenn du Kinder hast liegt dir vermutlich auch am Herzen, dass diese euch als Eltern in einer gleichberechtigten Beziehung auf Augenhöhe erleben. Wenn ihr es schafft zu vermitteln, dass Familie und Haushalt Denkaufgaben beinhalten, die von Frauen und Männer gleichermaßen wahrgenommen werden, dann leistet ihr damit einen Beitrag zur Vermeidung von Stereotypen. Und ihr verhindert, dass der Mental Load nicht wieder nur an die weibliche Generation weitergegeben wird.

ZEITDIEBE

Bestimmt hast du schon von den Zeitdieben gehört. Das sind Gewohnheiten, Tätigkeiten oder Personen, die uns oft sogar unbewusst um unsere wertvolle Zeit bringen.

Zeitdiebe lauern überall: Zu Hause und auf der Arbeit. Ich nenne dir hier im Anschluss die größten Zeitdiebe unserer Zeit. Dabei ist die Liste vermutlich nicht vollständig, denn Zeitdiebe sind für jede von uns individuell verschieden. Die eine ist eher anfällig für stundenlanges Onlineshopping, die andere verbringt Stunden damit, Serien auf Netflix zu sehen. Wichtig ist, dass du zunächst erkennst, was oder wer deine persönlichen Zeitdiebe sind. Erst wenn dir das bewusst ist, kannst du damit anfangen deine Zeit gegen sie zu verteidigen. Außerdem ist mir wichtig zu sagen, dass es hier nicht darum geht bestimmte Gewohnheiten zu verteufeln. Wenn du dich zum Beispiel bewusst dafür entscheidest deine Lieblingsserie zu schauen, um dich dabei zu entspannen, dann ist dagegen gar nichts einzuwenden. Wenn du allerdings nach vier Folgen immer noch nicht aufhören kannst obwohl du eigentlich etwas anderes machen wolltest und dich hinterher über dich selbst ärgerst, dann darf ich wohl zu Recht sagen, dass du einem Zeitdieb in die Falle gegangen bist ...

SMARTPHONE, INTERNET UND SOCIAL MEDIA

Den ersten Platz teilen sich Smartphone, Internet und die sozialen Netzwerke wie Instagram, Facebook, TikTok & Co. In den letzten Jahren haben diese Medien immer mehr an Bedeutung gewonnen und sind aus unserem Leben nicht mehr wegzudenken. Oft willkommene Ablenkung vom Alltag und nützliches Kommunikationstool, sehr oft aber auch einfach nur ein hinterhältiger Zeitdieb. Diese Erfahrung hat vermutlich jeder schon mindestens einmal gemacht: Du wolltest nur mal kurz was bestimmtes im Internet suchen und schon ist unbemerkt eine Stunde vergangen und du schaust Videos auf Youtube, von denen du dir rückblickend nicht erklären kannst, warum sie dir vom Algorithmus vorgeschlagen wurden. Mit deinem ursprünglichen Anliegen hatten sie jedenfalls so gar nichts zu tun.

Das kannst Du gegen diesen Zeitdieb tun: Auch wenn es schwer fällt - während der Arbeitszeit kannst du dir keine (private) Ablenkung leisten. Demnach hat das Handy hier eigentlich nichts zu suchen. Stelle dein Smartphone auf lautlos und lass es am besten in deiner Tasche oder lege es in die Schreibtischschublade. Wenn du für Notfälle erreichbar sein musst, dann nutze dafür - wenn möglich - die Festnetznummer deines Arbeitsplatzes.

In der Freizeit lohnt es sich, sich selbst ein Zeitlimit für die Nutzung von Smartphone & Co. zu setzen. Auf vielen Geräten kannst du ein Zeitlimit für die Benutzung von Apps einfach einstellen, wenn du es dir selbst nicht zutraust, dieses Limit strikt einzuhalten. Hat dein Gerät diese Funktion nicht, findest du online ganz leicht eine passende App.

FERNSEHEN UND STREAMING DIENSTE

Eine überhöhte Nutzung von Fernsehen und Streaming Diensten gehört auch in die Katergorie der Zeitdiebe. Zwar bekommt man mit einem Streaming Dienst eine flexiblere Lösung, als mit dem normalen Fernsehprogramm, jedoch kann einen das große Angebot an Filmen und Serien auch schnell in die Maßlosigkeit treiben. Dabei kann man sehr leicht ungewollt massenhaft an Zeit vernichten, die man besser nutzen könnte.

Das kannst du gegen diesen Zeitdieb tun: Wenn du ein bekennender Serienjunkie bist, dann schau mal auf die Seite https://tiii.me/ Hier kannst du deine Lieblingsserie eingeben und bekommst automatisch ausgerechnet, wieviele Tage, Stunden und Minuten du mit gucken eben dieser verbracht hast. Die harten Fakten schwarz auf weiß zu sehen und zu realisieren, wie viel (Lebens-)Zeit du ins Fernsehen investiert hast, kann dir helfen in Zukunft bewusster mit dem Medium Fernsehen/Streaming umzugehen. Diese Internetseite kann man natürlich auch im Vorhinein nutzen. Vielleicht entscheidest du dich dann anders.

PERFEKTIONISMUS

Verlierst du dich oft in Details und brauchst für manche Dinge viel länger als andere und vor allem länger als geplant? Und wie sieht es mit deiner Entscheidungsfreude aus? Ärgerst du dich sehr stark über dich, wenn du einen Fehler gemacht hast? Wenn ja, dann bis du möglicherweise perfektionistisch veranlagt, denn das sind einige der Ausprägungen davon. Die vielen kleinen Aufgaben sind nicht der einzige Grund, weshalb es gerade bei Frauen besonders häufig zu einem Mental Overload kommt. Frauen haben in der Regel einen sehr hohen Anspruch an sich selbst und wollen oftmals alles perfekt machen. Die Ursachen des Perfektionismus liegen neben anerzogenen Werten und dem Druck unserer leistungsorientierten Gesellschaft beispielsweise auch an mangelndem Selbstbewusstsein. Die Angst nicht gut genug zu sein und Fehler zu machen treibt uns an, alles perfekt machen zu wollen. Perfektionismus ist dabei nicht nur unglaublich anstrengend, sondern auch ein echter Zeitkiller und die Arbeitsergebnisse sind dabei meistens nicht mal besser. Außerdem kann diese Eigenschaft neben einer verminderten Produktivität, Dauerfrust und erhöhten Stress zur Folge haben.

- Der erste Schritt ist den Perfektionismus als Problem anzuerkennen. Sowohl im beruflichen als auch im privaten Bereich kann man lernen Abstriche zu machen und trotzdem zufrieden mit seiner Leistung zu sein.

- Setze Prioritäten und fokussiere dich mit deinem Anspruch auf die Aufgaben, bei denen es sich wirklich lohnt ganz genau zu sein.

- Schau auf das, was du erreichen willst. Welches Endergebnis wird erwartet? Wäsche trocknet zum Beispiel auch, wenn sie nicht übermäßig perfekt auf der Leine hängt. Du erreichst ein gutes Ergebnis also auch mit wesentlich weniger Aufwand.

- Setze Dir selbst angemessene Deadlines für das Erledigen von Aufgaben. Dadurch behältst du den Blick für's Wesentliche und verhinderst, dass du dich in Details verlierst.

- Hab Mut zur Lücke und versuche probeweise zunächst eine deiner perfektionistischen Angewohnheiten zu reduzieren. Zum Beispiel könntest du eine Aufgabe im Haushalt nur alle zwei Tage anstatt täglich erledigen. Oder du hörst damit auf, deine Emails mehrfach gegenzulesen bevor du sie versendest, falls du diese oft verbreitete Angewohnheit hast. Wenn du mit dem Ergebnis leben kannst, wirst du mit deiner neuen Strategie Zeit und Energie sparen. Probiere diese Methode auch mit anderen zeitraubenden Angewohnheiten aus!

- Für gewöhnlich wird davon abgeraten, sich mit anderen zu vergleichen. Bei Perfektionismus kann uns der Seitenblick zu Kolleginnen und Kollegen durchaus helfen, Arbeitsergebnisse realistisch zu beurteilen.

Bitte orientiere dich dabei aber am gesunden Mittelmaß und nicht an Experten.

- Perfektionistinnen haben Angst davor Fehler zu machen. Angst ist jedoch nie ein guter Berater. Sie schränkt unser Leben ein und beschneidet unsere persönliche Entwicklung. Wir alle machen Fehler und lernen daraus. Was wir einmal falsch gemacht haben, machen wir in der Regel beim nächsten Mal besser. Wo wären wir heute ohne Fehler und dem daraus erfolgten Fortschritt? Bedenke, dass wir unsere eigenen Fehler meist um ein Vielfaches strenger bewerten als ein Außenstehender es je tun würde. Und wahrscheinlich sind deine Fehler verhältnismäßig unbedeutend und keine Katastrophe für die Welt. Also: Relax.

- Perfektionistinnen tun sich nicht nur mit Fehlern schwer. Genauso schwierig ist es für sie, Lob anzunehmen und sie neigen dazu ihre eigenen Leistungen herunterzuspielen. Arbeite daran, indem du aktiv Feedback von Vorgesetzten, Kolleginnen/ Kollegen, Freunden und deiner Familie einforderst. So kannst du lernen Feedback anzunehmen und auf dich und deine Leistung zu vertrauen.

ÜBUNG: Wie beschrieben hat Perfektionismus oft auch mit einem geringen Selbstwertgefühl zu tun. Horch' in dich hinein, ob der Begriff „Selbstliebe“ etwas in dir zum Klingen bringt. Notiere eine Woche lang jeden Abend eine Sache, auf die du stolz bist oder etwas, was du gut kannst. Wenn dir mehr als eine Sache einfällt: Umso besser!

UNORDNUNG

„Nur das Genie beherrscht das Chaos" oder wie heißt es so schön in dem Sprichwort von Albert Einstein? Kritisch muss ich da entgegnen, dass dich Unordnung, am Arbeitsplatz und zu Hause, wertvolle Zeit kostet. Egal, ob du ein Genie bist oder nicht. Du musst Dinge suchen, das Aufräumen und Saubermachen dauert viel länger, als es eigentlich müsste und Unordnung belastet zudem noch den Geist. Wenn du bereits ein ordentlicher Mensch bist, hast du auf jeden Fall einen Vorteil. Wenn du ein ordentlicher Mensch bist und Kinder hast, relativiert sich dieser Vorteil allerdings wieder, denn mit Kindern ist die Ordnung meist schnell wieder dahin.

Das kannst du gegen diesen Zeitdieb tun: Unordnung entsteht durch schlechte Angewohnheiten und dadurch, dass wir oft zu viele Sachen besitzen, die noch keinen festen Platz haben. Was immer hilft, ist ausmisten und sich konsequent von Dingen trennen, die du nicht mehr brauchst oder die dir keine Freude mehr bereiten. Es ist eigentlich auch ganz logisch: Wenn du weniger besitzt, musst du auch weniger aufräumen, putzen und in Stand halten. Dadurch gewinnst du Zeit.

MULTITASKING

Es wird immer wieder erwähnt, dass Frauen - im Gegensatz zu Männern - sehr gut das sogenannte Multitasking beherrschen, also viele Aufgaben gleichzeitig erledigen können. Tatsächlich ist es wissenschaftlich belegt, dass Frauen diese Fähigkeit besitzen, allerdings ist die Nutzung überhaupt nicht zu empfehlen. Die meisten Frauen denken, dass sie durch Multitasking Zeit gewinnen aber auch Frauen können sich nur auf eine Sache richtig konzentrieren und sollten Multitasking deshalb tunlichst vermeiden. Die Aufmerksamkeit auf verschiedene Aufgaben aufzuteilen kostet dich Produktivität und produziert Fehler. Fehler, die dich in der Regel wieder Zeit kosten.

Das kannst du gegen diesen Zeitdieb tun: Gegen Multitasking hilft nur Konsequenz. Es spricht nichts dagegen, sich leichte Tätigkeiten beispielsweise durch das Hören eines Podcasts etwas schöner zu gestalten. Manchmal muss man sich ja auch einfach ablenken. Aufgaben, bei denen man konzentriert sein muss - und dazu zählt der komplette berufliche Bereich - sollten jedoch immer deine volle Aufmerksamkeit erhalten.

• Setze Prioritäten und fange erst eine neue Aufgabe an, wenn du die vorherige komplett beendet hast.

• Um konzentriert bei der Sache zu bleiben, solltest du immer dafür sorgen, dass du ungestört und in Ruhe arbeiten kannst. Das Smartphone bleibt im besten Fall wie beschrieben lautlos in der Tasche.

E-MAILS

Eigentlich ein tolles Kommuniktationstool mit dem wir zeitsparend, schnell und einfach wichtige Dinge klären können. E-Mails werden aber zum Problem, wenn es zu viele werden und die Inhalte für uns nicht relevant sind. Ein weiteres Problem ist unser Reflex, eingehende E-Mails sofort lesen und beantworten zu wollen. Aufgrund dieser Angewohnheit werden wir immer wieder aus unserer Konzentration gerissen, brechen angefangene Arbeiten ab, fangen neue an und verzetteln uns. Dabei muss das nicht sein, wenn wir einige Dinge beachten.

Das kannst du gegen diesen Zeitdieb tun: Allein der Gedanke an mein E-Mailpostfach hat bei mir Stress ausgelöst bis ich einige Dinge verändert habe.

- Sehr empfehlenswert ist es, den Benachrichtigungston für eingehende E-Mails auszuschalten. Somit wirst du nicht ständig aus deiner Konzentration herausgerissen. Wenn du dich damit gut fühlst, kannst du zusätzlich den Zeitpunkt der Synchronisation erweitern. Dann aktualisiert sich dein Postfach je nach deiner Einstellung zum Beispiel nur noch alle halbe Stunde anstatt sofort.
- Im privaten Bereich ist es ziemlich leicht, eine sofortige Verbesserung in Punkto E-Mails herbeizu-

führen. Schau mal durch dein Postfach. Ich wette, eine Vielzahl der Mails, die du regelmäßig erhältst, stammen nicht von Freunden oder der Familie sondern es sind irgendwelche Newsletter oder Rabattangebote. Bestelle alles, was dich nicht mehr interessiert direkt ab. Wenn du in den automatisierten E-Mails ganz nach unten scrollst findest du den Link zum Abmelden.

• Um auf der Arbeit Zeit zu sparen lohnt es sich, die Emails herauszusuchen, bei denen du häufig in cc genommen wirst aber eigentlich gar nichts mit dem Vorgang zu tun hast. Sprich mit den Absendern und lass dich aus dem Verteiler nehmen.

• Eine Unterteilung der Arbeitszeit in feste Blöcke kann ich dir generell sehr empfehlen. Mit dieser Methode finden auch die E-Mails ihren festen Platz ohne zu viel Zeit zu beanspruchen. Bestimmt wird nicht von dir erwartet, jede E-Mail sofort zu beantworten. Plane deshalb feste Zeiten ein, zu denen du deine Mails liest und bearbeitest. Das kann direkt morgens sein, wenn du mit der Arbeit beginnst und dann nochmal am Nachmitag. In den Zeiten dazwischen bearbeitest du deine anderen Aufgaben und schaust nicht in dein E-Mail Postfach.

MEETINGS

Schlechte Meetings kosten nicht nur Nerven sondern auch Zeit. Ich möchte an dieser Stelle nicht darauf eingehen, wie man Meetings besser gestalten kann. Vielmehr geht es darum, die eigene Zeit gegenüber ineffektiven Meetings und deren Veranstaltern zu verteidigen. Wenn es um's zwischenmenschliche Miteinander geht, kommt das Zeitmanamgent auf eine wichtige, neue Ebene. Hier liegt ein großes Feld der Persönlichkeitsentwicklung bei dem es sich für dich lohnt, aus deiner Komfortzone herauszutreten und zu wachsen.

Das kannst du gegen diesen Zeitdieb tun:

- Nimm nicht an Meetings teil, zu denen es keine Agenda gibt. Wenn überhaupt nicht klar ist, warum ihr zusammenkommt und was besprochen werden soll, gibt es keinen Grund, deine eigentliche Arbeit zu vernachlässigen. Zumal du bei Meetings ohne Agenda davon ausgehen musst, dass niemand vorbereitet ist und das Meeting deshalb mit hoher Wahrscheinlichkeit uneffektiv wird.
- Nimm nicht an Meetings teil, zu denen du nichts beizutragen hast. Manchmal wird man zu Veranstaltungen eingeladen, zu deren Themen man gar keine Berührungspunkte hat. Kommuniziere dies höflich aber bestimmt und sage ab. Es ist sicherlich auch im Sinne

des Veranstalters, dass die richtigen Personen teilnehmen.

- Wenn du in einem Meeting bist, bei dem offensichtlich heute keine Lösung gefunden wird, habe den Mut das anzusprechen und auf den Abbruch oder eine Verlegung des Meetings zu drängen. Deine Kolleginnen und Kollegen werden es dir danken.

VIELREDNER & CO.

Manchmal kommt man einfach nicht daran vorbei: Klatsch&Tratsch, Flurfunk, Gerüchte oder einfach nur Gerede, das niemanden wirklich weiterbringt. Kollegen, die an deinen Schreibtisch kommen, um zu quatschen, während du eigentlich nur deine Arbeit erledigen willst. Oder Bekannte, die uns mit nicht enden wollenden Telefonaten quälen.

Natürlich können Privatgespräche zu einem harmonischen Betriebsklima beitragen aber das meine ich an dieser Stelle nicht. Es sind ganz bestimmte Personen, die dich durch längere (Privat-)Gespräche von der Arbeit oder anderen Dingen abhalten. Bestimmt hast du schon die Gesichter deiner Zeitdiebe vor Augen. Aber warum sagen wir diesen Menschen nicht einfach, dass wir gerade keine Zeit für ein längeres Gespräch haben oder dass es uns eigentlich gar nicht interessiert? Wir wollen nicht unhöflich sein und nicht anecken. Egal ob im Beruf oder im Privatleben: Jemanden vor den Kopf zu stoßen ist immer unangenehm und oft fürchten wir uns auch vor den Konsequenzen. Aber auch hier gibt es Mittel und Wege, wie du deine Zeit clever verteidigen kannst.

Das kannst du gegen diesen Zeitdieb tun: Besonders in Teilzeitstellen sind Frauen auf ein gutes Zeitmanagement bedacht und darauf angewiesen, ihre Arbeit innerhalb der vereinbarten Stunden zu erledigen. Wenn du sehr pünktlich gehen musst, z.B. um deine Kinder abzuholen, kommt zusätzlicher Druck auf.

- Du tust gut daran, deine vertraglich geregelte Arbeitszeit offen an deine Kolleginnen/Kollegen zu kommunizieren, damit diese sich mit ihren Anliegen rechtzeitig an dich wenden können. Somit können sie sicherstellen, dass ihr Anliegen von dir noch aufgenommen und bearbeitet werden kann. So läufst du nicht Gefahr, dass du wegmusst und jemand kommt, der auf den letzten Drücker noch etwas von dir will. Die Information zu deiner Erreichbarkeit kannst du einfach per Email an deine Kolleginnen/-kollegen schicken. Wenn du nicht jeden Tag arbeitest, dann weise auch darauf hin. Es ist durchaus möglich, dass du diese Art von Email wiederholen musst. Manche Leute „vergessen" die Zeiten der Erreichbarkeit gerne. Machst du das aber konsequent und hältst dich auch an die kommunizierten Zeiten, versteht irgendwann auch die oder der Letzte im Büro, dass du selbst deine Termine bestimmst und niemand sonst.

• Ungewollte Gespräche auf der Arbeit blockst du am besten freundlich aber direkt ab: „Entschuldige, aber ich muss das hier dringend fertig machen. Kannst du mir eine E-Mail schicken?“ Oder: „Um was geht es denn? Ich bekomme in zwei Minuten einen wichtigen Anruf.“ Solche Sätze signalisieren deinem Gegenüber sofort, dass du gerade keine Zeit für lange Gespräche hast. Sollte ein berufliches Anliegen dahinter stecken, dann wird es dein Gesprächspartner nun ohne Umschweife sagen oder es dir per E-Mail mitteilen. Sollte es privater Natur gewesen sein, hat es sich damit erledigt.

• Sitzt du alleine in einem Büro mit Tür schließe diese, wann immer du an einer wichtigen Aufgabe sitzt und ungestört sein willst. In einem Großraumbüro ist es natürlich schwieriger sich abzugrenzen. Gegebenenfalls kann du Noise-Cancelling-Kopfhörer nutzen. Diese haben den Vorteil, dass du dich besser konzentrieren kannst und gleichzeitig nach außen signalsierst, dass du nicht gestört werden möchtest.

• Bekannten Vielrednern am Telefon sollte man direkt im ersten Satz mitteilen, dass man nur wenig Zeit hat. Notfalls kann man das Gespräch mit einer kleinen Notlüge beenden: „Ich würde gerne noch weiter mit dir sprechen aber ich muss noch einen wichtigen Termin vorbereiten, der gleich stattfindet.“ Auch das Reden in der Vergangenheitsform hilft ein Gespräch zu beenden: „Schön, dass du angerufen hast.“

JA-SAGER

Du hast immer ein offenes Ohr für andere und hilfst, wo immer du kannst? Oder gehörst du zu den Menschen, die keine Bitte abschlagen können? Das zeugt zwar von einer hohen Sozialkompetenz aber wenn du dadurch deine eigenen To-Do's nicht mehr schaffst oder dich unwohl mit deinen Entscheidungen fühlst, solltest du dringend etwas ändern.

Das kannst du gegen diesen Zeitdieb tun: Nicht „Nein“ sagen können ist leider typisch für Frauen. Doch auch das kann man lernen. Auch hier ist es sinnvoll erstmal zu hinterfragen, warum die Situation so ist, wie sie ist.

Überall beliebt sein wollen. Legst du verstärkt Wert darauf „Everybodys Darling“ zu sein? Beliebt zu sein, ist ein tolles Gefühl aber wenn du ehrlich zu dir selbst bist, ist es einfach nicht möglich es immer jedem Recht zu machen. Ist das der Grund für deine stetige Hilfsbereitschaft, dann versuche zu akzeptieren, dass du nicht von jedem gemocht werden musst. Wenn du das akzeptierst wird es dir besser gehen, denn du musst dich künftig nicht mehr für andere zerreissen - und wirst dadurch eine Menge Zeit sparen.

Verlustängste. Vielleicht befürchtest du, deine Freundschaft oder gar deinen Job zu verlieren, wenn du „Nein“ sagst. Auch diese Angst ist meistens total unbegründet. Man wird dich weder verstoßen noch verlassen, nur weil du jemandem mal eine Bitte ausschlägst. Bei sehr nachtragenden Freunden solltest du sowieso genauer hinschauen – oft ist die Freundschaft nur einseitig. Auf solche Personen kannst du dann vielleicht auch ganz verzichten.

Du bist unverzichtbar. Ohne dich läuft nichts. Egal ob Hilfe im Verein, Elternbeirat oder ehrenamtliche Tätigkeit. Wenn du denkst, dass alle dich brauchen und ohne dich nicht zurecht kommen, dann hast du entweder ein überstarkes Pflichtbewusstsein oder leidest unter dem Helfersyndrom. Natürlich ist es schön, anerkannt zu werden aber wenn das die einzige Quelle ist aus der du dein Selbstbewusstsein schöpfst, solltest du schnellstens umdenken, weil du so niemals Zeit gewinnen kannst. Stärke dein Selbstbild lieber durch etwas, das du bereits hast und auf das du stolz sein kannst. Das hast du doch bereits geübt, oder? Du hast es nicht nötig, dich über deine Hilfs-Angebote vor anderen zu profilieren. Suche dir lieber gezielt die Aktivitäten aus, zu denen du wirklich Lust hast.

Wenn Du erkannt hast, welches Motiv in dir schlummert, bist du einen großen Schritt weiter gekommen. Vielleicht findest du dich sogar in mehreren der beschriebenen Typen wieder. Das ist durchaus möglich. „Nein" zu sagen ist und bleibt schwer, wenn man ungeübt darin ist. Nachfolgend möchte ich dir deshalb ein paar Möglichkeiten aufzeigen, wie du es schaffen kannst.

Tipp 1: Verschaff dir Zeit.

Leg dich nicht sofort mit deiner Antwort fest, wenn jemand mit einer Bitte an dich herantritt. Damit kannst Du verhindern, dass du ungewollt und vorschnell „Ja“ sagst obwohl du lieber „Nein“ gesagt hättest. Du kannst Sätze sagen wie: „Schön, dass du dabei an mich gedacht hast ...

„... ich überlege es mir.“

„... bitte lass mir etwas Zeit. Darüber muss ich erstmal nachdenken.“

„... ich schaue zu Hause direkt in meinen Terminplaner, ob es passt.“

„... ich möchte mich zuvor mit XY abstimmen und gebe dir dann Bescheid.“

Deine Antwort sollte natürlich auf die Situation passen. Durch diese Taktik gewinnst du erst einmal Zeit um zu überprüfen, ob du die Bitte grundsätzlich lieber annehmen oder ablehnen möchtest und ob dies in deinen Zeitplan passt. Es kann durchaus sein, dass sich die Person in der Zwischenzeit an jemanden anderen wendet, um schneller ans Ziel zu gelangen. Somit hätte sich die Angelegenheit für dich von selbst erledigt.

Tipp 2: Negative Glaubenssätze verändern.

Bist du mit Sätzen wie „Was sollen bloß die Leute über dich denken“ oder „Ohne Fleiß kein Preis“ aufgewachsen? Solche Glaubenssätze sind erziehungsbedingt und psychologisch tief in uns verwurzelt. Sie beeinflussen unser eigenes Verhalten und auch, wie wir über andere und uns selbst denken. Es gibt Glaubenssätze in positiver und negativer Form.

- Überprüfe, ob bei dir negative Glaubenssätze in Bezug auf Leistung und Anerkennung in der Gesellschaft vorhanden sind. Schreibe diese auf ein Blatt Papier.

- Fühle in dich hinein, ob diese Sätze noch für dich stimmen. Was empfindest du, wenn du die Sätze laut vorliest?

- Es ist an der Zeit loszulassen, wenn du vorwärts kommen möchtest. Versuche, negative Glaubenssätze positiv umzuformulieren und diese als Affirmation für dich arbeiten zu lassen. Dann wird aus „Du sollst es immer allen Recht machen“ zum Beispiel „Ich setze liebevoll Grenzen, um das Gleichgewicht zwischen meinen Bedürfnissen und den Bedürfnissen anderer Menschen zu halten“. Damit erteilst du dir die Erlaubnis, selbst über deine Zeit zu entscheiden.

Tipp 3: Mach' eine Kostenrechnung.
Überlege, wieviel Zeit dich dein „Ja“ im konkreten Fall kosten würde und ob es dir das wert ist. Was könntest du stattdessen mit der freien Zeit machen, wenn du die Bitte abschlägst? Solche Überlegungen helfen dir deine Entscheidungen abzuwägen.

Tipp 4: Die Bitte ausschlagen. Kommst du zu dem Entschluss, dass du die Bitte ausschlagen willst, kann ich dir folgende Tipps für eine passende Formulierung geben. Du könntest sagen,

• dass du sehr gut verstehen kannst, dass der Bittsteller Hilfe braucht, dass du an diesem Termin allerdings leider schon verplant bist. Beim nächsten Mal klappt es dann bestimmt wieder. Wenn du zuerst Verständnis für die Situation des anderen zeigst und emphatisch reagierst, klingt die Absage nicht zu hart.

• dass du nicht die richtige Person für das Anliegen bist und es deshalb nicht machen möchtest. Gegebenenfalls, gibt es jemanden, den du stattdessen vorschlagen kannst. Jemanden, der die Bitte besser erfüllen kann.

• dass du der Bitte leider nicht nachkommen kannst aber eine Alternative anbieten würdest. Das kann zum Beispiel ein gekaufter Kuchen anstatt eines selbstgebackenen sein. Das zeigt der anfragenden Person, dass dir sein Anliegen nicht gleichgültig ist und du bereit bist, ihn zu unterstützen.

• dass du solche Anfragen aus Prinzip immer ablehnst. Damit vertrittst du einen starken Standpunkt, den der Anfrager nicht als Ablehnung auf sich persönlich beziehen kann und somit auch nicht hinterfragen wird. Der große Vorteil ist, dass du auch zukünftig von dieser Art von Anfragen verschont bleibst.

Tipp 5: Aushalten lernen. Ein Absage zu erhalten, verkraftet jeder Mensch unterschiedlich gut. Du als neuer „Nein-Sager“ musst lernen, die unterschiedlichen Reaktionen des Bittstellers und auch dein eigenes neues Verhalten, auszuhalten. Vielleicht meldet sich dein schlechtes Gewissen und du fühlst dich direkt nach der Absage erstmal unwohl. Diese negativen Gefühle währen allerdings nicht lange. Was bleibt, ist dein Zeitgewinn!

Ich hoffe du erkennst, dass es sich für dich absolut lohnt, öfter mal „Nein" zu sagen. Dabei musst du wirklich kein schlechtes Gewissen haben. Du bestimmst dabei einfach nur, wie du deine Zeit einsetzt und das ist dein gutes Recht.

NEGATIVE BEZIEHUNGEN

Dieses Buch ist kein Beziehungsratgeber, deshalb halte ich das folgende Thema kurz. Trotzdem möchte ich es nicht unangesprochen lassen, da sich darin ein großes Potenzial für Zeitdiebe und generell für ein besseres Leben verbirgt. Zeit, die du 100 mal besser nutzen kannst als mit Menschen, die dir nicht gut tun.

Es kann immer vokommen, dass sich die Beziehung zwischen Menschen, egal ob Partner, Freunde oder andere Kontaktpersonen mit der Zeit negativ verändert. Dann kommst du vielleicht irgendwann an den Punkt, an dem reden nichts mehr bringt. Vielleicht stellst du fest, dass man einfach nichts mehr gemeinsam hat. Oder du realisierst, dass du selbst viel gibst aber nichts zurück bekommst. Im Endergebnis fühlst du dich im Umgang mit dieser Person nicht mehr wohl. Dies gilt für partnerschaftliche Beziehungen genauso wie für freundschaftliche Kontakte.

Was kannst du gegen diesen Zeitdieb tun? So hart es klingt: Beziehungen zu Personen, bei denen du das Gefühl hast ausgenutzt zu werden oder in die du aus anderen Gründen keine Zeit mehr investieren willst, solltest du abbrechen.

Am Ende dieses Kapitels hast du eine Menge über Zeitdiebe (und dich selbst) gelernt. Merke: Zeitfresser haben viele Gesichter und sind so individuell wie wir selbst. Möglicherweise bist du anfällig für stundenlanges Online-shopping, ein Serienjunkie oder ein pathologischer „Ja-Sager". Oder du weißt einfach nicht, wie du dich aus einem langatmigen Gespräch befreien kannst. Wichtig ist, dass du zunächst erkennst, was oder wer deine persönlichen Zeiträuber sind. Erst danach kannst du anfangen, einen nach dem anderen zu eliminieren.

ÜBUNG: Schreibe auf, wer oder was deine persönlichen Zeiträuber sind. Versuche die beschriebenen Tipps anzuwenden und notiere deine Erfolge.

PROKRASTINATION

Hand auf's Herz: Bestimmt meldet sich auch dein innerer Schweinehund regelmäßig bei Aufgaben, die du gar nicht gerne machst. Statt die unangenehme Aufgabe anzugehen, beschäftigst du dich dann lieber mit allen anderen Dingen. Prokrastination bezeichnet das Phänomen unangenehme Dinge immer weiter aufzuschieben obwohl es eigentlich ausreichend Zeit und Möglichkeiten gäbe sie zu erledigen. Dabei muss es sich nicht ausschließlich um Tätigkeiten handeln. Auch unangenehme Gespräche oder aufgeschobene Konflikte kommen vor. Sehr treffend bezeichnet man Prokrastination umgangssprachlich als „Aufschieberitis“. Prokrastination stellt ein typisches und sehr weit verbreitetes Problem in unserer Gesellschaft dar.

Was sind die Ursachen von Prokrastination? Prokrastination hat nicht zwingend etwas mit Faulheit zu tun. Eine der Ursachen ist die Angst vor Fehlern. Aus Angst, etwas falsch zu machen schiebt man die Dinge immer weiter vor sich her. Manche Menschen wiederum mögen es, unter Zeitdruck zu arbeiten und brauchen ihn, um produktiv zu werden. Oft ist es auch die Fülle an zu bewältigenden Aufgaben, weshalb wir einfach nicht wissen, wo wir anfangen sollen. An manchen Tagen stehen so viele Dinge an, dass schon morgens ein Wettlauf gegen die Zeit beginnt. Dann tritt schnell ein lähmendes Gefühl von Hilflosigkeit ein. Die häufigste Ursache für Prokrastination ist schlechtes Zeitmanagment.

Das problematische bei der Aufschieberitis: Die Aufgabe wird immer wieder aufgeschoben, bis du diese unter hohem Zeitdruck erledigen musst. Du kannst dich zu diesem späten Zeitpunkt dann nicht mehr in dem Maße einsetzen, wie es bei einem früheren Start möglich gewesen wäre. Unter Zeitdruck passieren außerdem leicht Fehler, die sich hätten vermeiden lassen, wenn du mit der Aufgabe eher begonnen hättest. Das wiederum sorgt für Frust und Unzufriedenheit und die Motivation fällt in's Bodenlose. Leider erkennst du oft gar nicht, dass alleine die Aufschieberitis zu dem ganzen Stress und Ärger geführt hat. Vermutlich wirst du dich deshalb beim nächsten Mal wieder genauso verhalten und die Negativspirale setzt sich fort. Meistens ist der Druck, den du dir selbst machst, schuld daran, dass du eine unangenehme Aufgabe nicht angehen willst. In Wirklichkeit ist die Aufgabe oft gar nicht so schlimm. Es fehlt einfach die Überwindung, um mit der Sache zu beginnen.

Wie kann ich Prokrastination überwinden?
Bei manchen Aufgaben ist unser innerer Schweinehund so groß wie ein Chihuahua und bei anderen nimmt er die Ausmaße einer deutschen Dogge an. Hiermit klappt es mit beiden Vertretern der Prokrastination:

- Lege einen genauen Zeitpunkt fest, an dem du mit der ungeliebten Aufgabe beginnen willst und fixiere ihn schriftlich.
- Zerlege die Aufgabe in mehrere Teilschritte. So kannst du zwischendurch etwas anderes machen und die große Aufgabe verliert ihren Schrecken.
- Setze dir einen festen (zeitnahen) Termin bis wann die Aufgabe erledigt sein soll.

- Versuche, dir die Bearbeitungszeit angenehmer zu gestalten. Höre dir währenddessen z.B. einen interessanten Podcast an.

- Mache deine (Teil-)Erfolge sichtbar in dem du sie z.B. auf deiner To Do Liste abstreichst oder visuell besonders hervorhebst.

- Einfach machen ohne groß darüber nachzudenken. Zähle 5-4-3-2-1 und leg dann sofort los!

- Bitte jemanden um Hilfe. Mit etwas Unterstützung geht alles viel leichter.

- Delegiere. Kannst du die Aufgabe vielleicht an jemand anderen abgeben oder eintauschen?

- Belohne dich, wenn du es geschafft hast!

Mit dem Ablegen der Prokrastination verhält es sich wie mit allen neuen Gewohnheiten: Du musst Geduld mitbringen, wenn du langfristige Erfolge sehen willst. Es braucht 21 Tage der Wiederholung bis unser Gehirn eine Verhaltensänderung als Gewohnheit einstuft. Nach den 21 Tagen nehmen die inneren Widerstände immer mehr ab und die Verhaltensänderung ist als neue Gewohnheit in dein Leben integriert.

Lasse dich nicht entmutigen, wenn es zu Rückschlägen kommt. Kämpfe weiterhin regelmäßig gegen die Aufschieberitis an und erkenne es als einen wichtigen Teil deiner Persönlichkeitsentwicklung. Es lohnt sich, denn dein Leben wird dadurch ärmer an Stress und reicher an Zeit.

MINDSET

Kannst du auch manchmal einfach nicht aufhören über etwas nachzugrübeln? Irgendwas ist passiert und man kaut das ganze wieder und wieder in Gedanken durch. Oft merken wir gar nicht, wie uns manche Gedanken gefangen nehmen und damit auch unsere Zeit rauben. Fakt ist: Die meisten Frauen grübeln gerne und neigen dabei leider besonders zum negativen Denken. Viele Dinge werden förmlich „zerdacht". Vor allem negative Gedanken können uns stark ablenken und somit von unseren eigentlichen Aufgaben abhalten. Genau wie die persönlichen Ziele, spielt dein Mindset – also deine Denkweise – damit eine entscheidende Rolle, wenn es um's Zeitmanagement geht. Mit den negativen Gedanken kommen oftmals auch Zweifel auf. Gerade wenn es um neue oder etwas kompliziertere Aufgaben geht. Du redest dir ein, dass du die Sache ohnehin nicht schaffst. Du bist nicht mehr bereit für Neues und traust dich nicht aus deiner Komfortzone heraus.

Mit einer überwiegend negativen Denkweise wird unsere Haltung ganz automatisch die eines eher unzufriedenen und unmotivierten Menschen. Entscheide dich deshalb bewusst für ein positives Mindset! Alle Situationen in deinem Alltag sind erstmal neutral. Du entscheidest allein darüber, wie du die Lage bewertest. Du musst also deine Wahrnehmung verändern, um aus der Spirale der negativen Gedanken herauszukommen. Aber wie können wir das Gedankenkarussell stoppen und aussteigen? Hier zeige ich dir verschiedene Möglichkeiten:

- Übe achtsam zu sein und schaffe so Bewusstsein für deine (negativen) Gedanken.

- Erkenne, wenn dir Gedanken nicht gut tun. Verbiete dir weiter darüber nachzudenken indem du innerlich oder laut „Stopp“ sagst.

- Werde dir bewusst darüber, dass dich negatives Denken überhaupt nicht weiter bringt. Es zieht dich nur immer weiter runter und du entfernst dich von dem, was du eigentlich willst.

- Ersetze die negativen Gedanken durch positive. Denke direkt an etwas was dich motiviert und dich glücklich macht. Welche Gedanken helfen dir, dich besser zu fühlen?

- Ärgere dich nicht sondern notiere dir stattdessen knapp, was dich beschäftigt. Wenn du Zeit dafür hast, kannst du dich erneut damit auseinandersetzen und eine Lösung dafür suchen. Mache dir immer wieder deutlich, dass du stark bist und selbst verantwortlich für deine Gedanken bist.

- Üben, üben, üben, ...

Auch wenn es nicht einfach ist, du kannst dein Mindset tatsächlich verändern wenn du stetig übst. Dein Gehirn lernt die postive Denkweise und wird quasi umgepolt. Du wirst merken, dass du die positive Denkweise dann immer häufiger wie von selbst übernimmst. Vor allem aber solltest du dir von negativen Gedanken nicht deine Zeit stehlen lassen!

STRESS

Stress oder besser die Vermeidung von Stress ist einer der wichtigsten Hebel, für ein funktionierendes Zeitmanagement. Gleichzeitig ist es aber auch einer der schwierigsten, denn Stress ist in unserer Gesellschaft so weit verbreitet, dass es fast unerhört wäre zu behaupten, wir hätten keinen. Also ich kenne zumindest niemanden der keinen Stress hat. Du etwa?

Sagt jemand, dass er im Stress ist wissen wir zwar sofort was gemeint ist, dennoch versteht ein jeder unter Stress etwas sehr individuelles. Für den einen ist ständiger Termindruck Stress, für den anderen der Lärm und die Hektik auf dem Weg zur Arbeit. Für das persönliche Stressempfinden gibt es keine objektiven Kriterien. Es ist vielmehr ein subjektives Erleben von einem Übermaß an Belastung. Und was als Belastung empfunden wird, ist eben von Mensch zu Mensch verschieden.

POSITIVER UND NEGATIVER STRESS

Stress muss dabei nicht unbedingt negativ sein. So wird in der Wissenschaft zwischen Eustress und Disstress unterschieden. Wenn wir den Stress als positiv wahrnehmen liegt Eustress vor. Dazu gehören zum Beispiel die Anspannung vor einem besonderen Ereignis wie einer anstehenden Feier, einer Hochzeit oder Geburt. Du wirst dabei zwar stärker beansprucht und hast zeitweise mehr zu tun, dies jedoch wirkt sich positiv auf deine Handlungen aus und du bist sogar noch produktiver.

Zum Disstress hingegen gehören alle Anforderungen und Aufgaben, die wir als negativ empfinden. Oft haben wir das Gefühl, dass wir diese nicht zu unserer Zufriedenheit bewältigen können oder es sind insgesamt zu viele Aufgaben und zu hohe Ansprüche. Auch Dauererreichbarkeit oder Zukunftsängste können Disstress auslösen. Wenn du dich überbeansprucht fühlst, schießen dir die Gedanken nur so durch den Kopf und du weißt nicht mehr, was du zuerst tun sollst. Das ist Stress der sich, wenn er dauerhaft bestehen bleibt, negativ auf dich auswirkt.

Die Grenzen von Eustress zu Disstress sind fließend. Hält eine anfänglich positiv motivierende Situation zu lange an, kann sie plötzlich als Disstress wahrgenommen werden. Das Empfinden für positiven und negativen Stress ist dabei individuell sehr unterschiedlich. Manche Menschen sind einfach belastbarer als andere. Das ist ganz normal. Stress ist in seiner negativen Form nicht nur ungesund sondern auch ein Zeitkiller. Wenn du gestresst bist, dann wird automatisch deine Konzentration gestört, sodass du dich auf die Aufgaben nicht mehr richtig fokussieren kannst. Entsteht bei dir immer wieder negativer Stress solltest du dagegen unbedingt angehen, um Stresserkrankungen und Burn-out vorzubeugen.

In der nachfolgenden Tabelle werden die Unterschiede von Eustress und Distress deutlich.

EUSTRESS	DISTRESS
Kurzfriste Ereignisse der Anspannung	Langfristige und wiederkehrende Überlastungen
Fordert dich heraus aber du weißt, wie du die Situation bewältigen kannst	Überfordert dich, weil du dich handlungsunfähig und hilflos fühlst
Macht dich leistungsfähiger und ermöglichst es dir zusätzliche Energiereserven zu aktivieren	Hemmt und blockiert dein Handeln, hindert dich daran rational an die Sache heranzugehen
Wechselt sich mit Entspannungsphasen ab	Entspannungsphasen fehlen
Du fühlst dich optimistisch, glücklich und stark	Du fühlst dich ängstlich, gereizt und erschöpft

Wenn wir uns in einem akuten Stresszustand befinden, neigen wir dazu uns mit allen Aspekten unseres Problems zu beschäftigen. Daraus entstehen jedoch selten hilfreiche Erkenntnisse. Um uns in einen Stresszustand zu versetzen müssen wir uns nicht in der realen Belastungssituation befinden. Es reicht allein sich mit der Kraft unserer Gedanken in diesen Zustand zu versetzen, indem wir uns in eine stressige Situation hineindenken. Das beweist auch, dass der eigentliche Stress in unserem Kopf stattfindet.

ACHTSAMKEITSÜBUNG: Spiele unter dem Motto „Denken ist Probehandeln“ eine besonders stressige Situation im Kopf nach und spüre zuerst in dich hinein. Was empfindest Du? Wo kannst du den Stress in deinem Körper spüren? Wenn du möchtest, schreibe deine Empfindungen auf. Dann überlege mit klarem Kopf warum du in der durchgespielten Situation Stress empfindest und ob es etwas gibt das du tun kannst, um diesen aufzulösen. Vielleicht gibt es auch Schritte, die du im Vorfeld ausführen kannst, damit es erst gar nicht zu einer Überbelastung kommt? Sei achtsam und versuche das Muster zu erkennen und entsprechend deines erdachten Lösungsansatzes zu handeln, wenn du das nächste mal in diese Situation kommst.

Was hilft gegen Stress?
Jeder kann lernen mit seinem persönlichen Stress umzugehen, um gelassener durch diese Phasen zu kommen. Das beste Mittel gegen Stress ist ein gutes Zeitmanagement und daran arbeitest du ja schon! Welche konkreten Maßnahmen dich dabei unterstützen, zeige ich dir hier:

Übe dich in Achtsamkeit. Auch beim Thema Stress fällt der Achtsamkeit eine Schlüsselrolle zu. Wenn du dir deiner Reaktionsmuster bewusst wirst, schaffst du es auch zu reflektieren und die Situation mit Abstand zu betrachten. Das hilft dir, gelassener mit kritischen Situationen umzugehen.

Führe eine Morgen- und Abendroutine ein. Um Stress vorzubeugen hilft eine feste tägliche Struktur, in der wiederkehrende Aufgaben den Rahmen bilden und Zeit für Entspannungsphasen beinhalten. Damit kannst du Zeit sparen und den Tag gelassener erleben. Du bereitest Aufgaben für den (nächsten) Tag vor und planst auch Zeit für Dich selbst ein. Die Routinen sind individuell und bilden das ab, was dir zuträglich ist. Ich gehe in diesem Buch noch genauer darauf ein.

Begegne stressigen Phasen voraussschauend. Wenn du schon weißt, dass eine stressige Phase bevorsteht, kannst du dieser durch gute Vorbereitung vorbeugen und sie damit abmildern. Das funktioniert auch sehr gut, wenn es nur bestimmte Tage in der Woche betrifft. Wenn du zum Beispiel unter der Woche kaum Zeit zum Kochen hast, kannst du am Wochenende einige Mahlzeiten vorbereiten (#Mealprep) damit du unter der Woche nicht auch noch Zeit für die Essensplanung und das Kochen aufwenden musst. Eventuell kannst du diese Aufgabe an stressigen Tagen auch mal delegieren!?

Überfordere dich nicht. Wenn du eigentlich selbst weißt, dass du alle Aufgaben, die du dir vorgenommen hast, unmöglich in der vorgegebenen Zeit erledigen kannst, hat das keinen Sinn. Bleib realistisch und mach' dir den Stress nicht selbst!

Take a break. Achte auf ausreichend Schlaf und regelmäßige Pausen.

Iss ausgewogen und gesund. Es gibt Lebensmittel, die dich stressresistenter machen: B Vitamine, Mineralstoffe, Proteine und langkettige Kohlenhydrate stärken deine Nerven. Enthalten sind diese zum Beispiel in Nüssen, Haferflocken und Bananen.

Reduziere äußere Stressfaktoren. Wenn du Stress verspürst, dann sorge dafür, dass Lärmquellen wie Fernseher, Radio oder Handy ausgeschaltet sind. Vor allem abends solltest du dich durch die ständigen Reize von außen erholen und dir eine digitale Auszeit gönnen.

Lerne dich zu entspannen. Mit Entspannungstechniken kannst du gezielt etwas für den Stressabbau tun und dich gleichzeitig widerstandsfähiger dagegen machen. Yoga, Meditation, Autogenes Training, progressive Muskelrelaxion oder spezielle Atemübungen. Alles ist in Kursen, online oder aus Büchern erlernbar. Probiere doch einfach mal etwas davon aus.

Nutze dein persönliches Anti-Stress-Programm. Bei akutem Stress und dessen Vorbeugung hilft dir auch ein selbst entwickeltes Entspannungsprogramm. Das kann jede Art von Sport, Yoga aber auch ein Spaziergang oder ein Buch sein. Hauptsache der Kopf wird frei und du kannst abschalten.

Lächle! Auch wenn's schwer fällt. Schon 60 Sekunden bewusstes Lächeln reichen aus, um unserem Gehirn „Gute Laune!“ vorzulügen. Das wiederum reagiert darauf mit guten Hormonen, die das Stresshormon Cortisol abbauen.

Wenn du dich tiefer mit dem Thema Stressabbau befassen möchtest und vielleicht sogar überlegst, dich dabei professonell coachen zu lassen, kann ich dir das von Jon Kabat-Zinn entwickelte und weltweit anerkannte Programm „Mindfulness-Based Stress Reduction" (MBSR) empfehlen. Es befasst sich ausschließlich mit Achtsamkeit und der Reduzierung von Stress und wird in vielen Städten angeboten.

Wie immer sind Übung und Konsequenz notwendig, um positive Ergebnisse zu erzielen. Aber Dinge die wir mögen machen wir ja gerne und somit wird es für dich leichter sein sie umzusetzen.

ÜBUNG 1: Was hilft dir zu entspannen? Stelle dir dein eigenes Entspannungsprogramm zusammen. Dieses sollte täglich durchgeführt werden und 10-30 Minuten dauern. So viel Zeit sollte für dich drin sein!

ÜBUNG 2: Wie kannst du stressigen Phasen vorbeugen? Schreibe auf, was du besser organisieren und was du zumindest zeitweise delegieren könntest, um dich zu entlasten.

ROUTINEN

Routine klingt erst einmal langweilig ist aber die perfekte Möglichkeit, Dinge in dein Leben zu integrieren, die dir gut tun. Viele erfolgreiche Menschen beginnen ihre Tage in aller Frühe und nutzen die Zeit, um sich mental und körperlich zu stärken und auf ihre Ziele hinzuarbeiten. Während andere Menschen noch schlafen sind sie schon produktiv. Sie haben eine positive und gesunde Routine für sich entwickelt und in ihren Tagesablauf integriert – und das kannst du auch!

Routinen sind Verhaltensmuster und Handlungsabläufe, die wir in bestimmten Situationen anwenden. Wenn du selbst Kinder hast oder Freunde mit Kindern beobachtest, dann weißt du, dass Rituale für Kinder besonders wichtig sind. Abends immer eine Geschichte zum Einschlafen oder eine feste Kuschelzeit mit den Eltern – diese Routinen geben Sicherheit und Beständigkeit. Wir wissen und signalislieren damit „es ist alles in Ordnung“. Damit haben Rituale einen großen psychologischen Wert. Routinen und Rituale können aber mehr als das. Sie strukturieren unseren Tagesablauf, die Woche und das Jahr. Rituale können ganz klein sein, wie z.B. die feste Sitzordnung am Familientisch oder groß, wie z.B. der traditionelle Ablauf an Weihnachten. Routinen und Rituale nehmen uns das ständige Nachdenken, Entscheiden und Hinterfragen ab und sparen uns somit unnötigen Aufwand und Zeit. Oder überlegst du morgens und abends ob, wie und warum du dir die Zähne putzen sollst? Nein, du machst es einfach weil es selbstverständlich zu deiner Hygieneroutine dazu gehört.

Routinen ersetzen also die Zeiten, die wir ansonsten mit Überlegungen und Entscheidungen verbringen.

Was sind die Vorteile von positiven Routinen?

1. Routinen sparen Zeit

Durch die fest integrierten Handlungsabläufe sparen wir uns die Zeit, die wir sonst mit nachdenken, abwägen und der Entscheidungsfindung vergeuden.

2. Routinen sparen Energie

Wenn wir aktiv denken, verbraucht unser Gehirn 50% der verfügbaren Energie. Da Routinen automatisiert und ohne große Denkleistung ablaufen, sparen wir Energie. Dadurch fühlst du dich nicht mehr so ausgelaugt und kannst sie für andere Dinge einsetzen.

3. Routinen fördern die Produktivität

Das hängt mit Punkt 2 zusammen. Da wir mehr Energie zur Verfügung haben, sind wir gleichzeitig auch produktiver.

4. Routinen sind unser Anker

Wenn das Chaos um uns herum tobt und alles drunter und drüber geht, wirken die Routinen wie ein Anker: Wenn wir Dinge, die uns gut tun in unser Leben integriert haben, dann führen wir sie automatisch auch in stressigen Zeiten aus.

5. Routinen machen stolz

Irgendwann werden die positiven Rituale zur Selbstverständlichkeit. Gerade deshalb kannst du immer wieder auf's Neue stolz auf dich sein. Routinen sind damit auch gut für's Selbstbewusstsein.

Wir alle haben Rituale und Routinen, die wir täglich anwenden. Oft machen wir diese einfach aus Gewohnheit, haben sie von unseren Eltern übernommen oder von anderen Menschen abgeschaut. Die zuvor genannten Vorteile beziehen sich alle auf positive Routinen. Es gibt auch Verhaltensmuster, die nicht empfehlenswert sind, da sie dir, deinem Zeitmanagement und/oder deiner Gesundheit schaden. Deswegen lohnt es sich, die eigenen Verhaltensmuster mal genauer anzusehen. Hier sind einige Beispiele für negative Rituale:

- Direkt nach dem Aufwachen oder vor dem Einschlafen Emails checken/beantworten oder im Internet surfen.

- Die Guten-Morgen- oder Gute-Nacht- Zigarette. Rauchen ist sowieso immer schädlich!

- Mahlzeiten vor dem Fernseher einnehmen.

- Das Feierabendbier und generell Entspannung durch Alkohol hervorrufen wollen.

- Fernsehen und Social Media vor dem Einschlafen.

Es gibt noch unzählige weitere Beispiele, wir wollen uns hier aber auf die positiven Routinen fokussieren und insbesondere herausfinden, wie diese für dich aussehen und was sie für dich tun können.

PERSÖNLICHE ROUTINE ENTWICKELN

Deine individuelle Routine kannst du nach deinen persönlichen Wünschen und Anforderungen zusammenstellen. Prinzipiell kann sie alles beinhalten, was dir gut tut und dein Leben leichter macht. Durch eine häufige und konsequente Anwendung legst du neue Verhaltensmuster fest. Dein Gehirn vernetzt sich durch die bewusste Ausführung und Wiederholung der Tätigkeiten neu und führt diese mit der Zeit wie selbstverständlich aus. So kannst du mit wenig Aufwand dafür sorgen, dass du reibungslos in den Tag starten und ihn entspannt abschließen kannst. Damit sparst du eine Menge Zeit und Stress.

Ich gebe dir nachfolgend einige Anregungen für positive Routinen. Dabei führe ich eine Mischung aus alltäglichen Aufgaben auf, bei denen sich Zeit sparen lässt und Tätigkeiten, in denen du Zeit in dich investierst. Welche Tätigkeiten du in deine Routinen einbaust, hängt auch von deinem Biorhythmus ab. Wenn du morgens kaum aus dem Bett kommst wird es nicht funktionieren, mit Tätigkeiten zu starten bei denen du hochkonzentriert sein musst. Und wenn du abends noch topfit und leistungsfähig bist wäre es schade, dies nicht zu nutzen. Du musst also selbst entscheiden, ob sie eher in deine Morgen- oder in deine Abendroutine passen.

Yoga und Meditation.
Egal ob du mit ein paar sanften Übungen den Tag begrüßt oder abends den Alltag abschüttelst. Yoga und Meditation sind sehr gute Begleiter in den Tag und in die Nacht.

Dankbarkeit.

Nimm dir ein paar Minuten Zeit und überlege jeden Tag neu wofür du dankbar bist. Das hilft dir, auch die kleinen Dinge in deinem Leben mehr wertzuschätzen und lässt dich zufriedener werden.

Tagesziel setzen.

Überlege dir genau eine Sache, die du erreichen oder für die du dir heute Zeit nehmen willst.

Wasser trinken.

Wir verlieren über Nacht zwischen einem halben bis hin zu zwei Litern Wasser durch Atmung und Schweiß. Morgens ein großes Glas Wasser zu trinken hilft, die Reserven wieder aufzufüllen und unterstützt die Körperfunktionen. Auch während des Tages solltest du ausreichend Wasser trinken.

Power on.

Du willst schneller in Schwung kommen oder brauchst etwas, um dich abzureagieren? Dann lege eine kurze Sporteinheit zu Hause oder draussen ein.

Kalt duschen.

Sich nach einer warmen Dusche nochmal kurz kalt abzuduschen kostet zwar enorme Überwindung aber genau darum geht es. Du wirst dich stark fühlen und bist hellwach. Außerdem stärkt die kalte Dusche dein Immunsystem.

Frischluft.

Mach einen kurzen Spaziergang und genieße die Bewegung an der frischen Luft.

Kleidung rauslegen.

Entscheide dich bereits am Vorabend, was du am nächsten Tag tragen willst und lege dir die Sachen bereit. Oder stelle bereits mehrere Outfits zusammen, die du im Laufe der Woche tragen wirst. Das funktioniert auch für Kinder sehr gut.

Capsule Wardrobe.

Das beschreibt eine Garderobe, die aus wenigen Teilen besteht, die sich jedoch alle untereinander zu verschiedenen Outfits kombinieren lassen. Spart unglaublich viel Zeit. Allerdings kann man nie wieder „Ich weiß nicht, was ich anziehen soll." sagen.

Alles beisammen.

Alles, was du für den nächsten (Arbeits-)Tag brauchst, kannst du auch schon in Ruhe am Vorabend in deine Tasche packen. Dann bricht morgens keine Panik aus, weil du los musst aber deine Sachen nicht findest.

Tischlein deck dich.

Stelle bereits abends alles für das Frühstück auf den Tisch. Natürlich nur die Gedecke und alles, was nicht gekühlt werden muss.

Meal Prep.

Am Wochenende gesundes Essen für die Woche vorbereiten und gegebenenfalls größere Mengen einfrieren. Oder Snacks zum mitnehmen auf Vorrat herstellen. Damit sparst du Zeit, Geld und tust etwas für deine Gesundheit.

Kopf leeren.

Schreibe deine To do's für den nächsten Tag auf. Lege Papier und Stift auf deinem Nachttisch bereit. Somit kannst du notfalls auch vor dem Schlafen gehen noch schnell etwas aufschreiben und musst keine Angst haben, dass du es über Nacht vergisst.

Rückblick.

Tagebuch schreiben oder den Tag im Kopf nochmal Revue passieren lassen hilft, mit dem vergangenen Tag abzuschließen und loszulassen.

Wie immer entscheidest du allein, was für dich passt und was nicht. Probiere einzelne Elemente aus, die dich ansprechen und schau, was für dich funktioniert. Die Routine soll DIR das Leben leichter machen, deshalb muss sie auch nur zu dir passen. Um die richtigen Elemente zu finden, kannst du dir die folgenden Fragen stellen:

- Wobei fühle ich mich so richtig gut? Was bringt mir Freude?

- Was fehlt mir aktuell im Alltag? Wovon wünsche ich mir mehr?

- Worüber rege ich mich immer wieder auf? Was stresst mich?

ROUTINEN INTEGRIEREN

Routinen müssen in den Tagesablauf integriert werden. Zunächst sieht es deshalb so aus, als kosteten sie dich Zeit. Diese Zeit investierst du jedoch in dich und es wird sich für dich vielfach bezahlt machen, da du den Tag bewusster beginnen und viel produktiver sein wirst. Der große Vorteil von Routinen oder Ritualen ist, dass wir sie, einmal übernommen, unbewusst oder aus Gewohnheit ausführen. Weil wir darüber kaum nachdenken müssen und es irgendwann einfach automatisch tun, kosten sie uns dann auch keine große Anstrengung mehr. Plane auf jeden Fall so, dass es sich für dich machbar anfühlt. Die Routinen sollen schließlich dazu führen, dass du dich besser fühlst und nicht zusätzlichen Stress verusachen. Fang einfach mit einer einzigen Sache an und ärgere dich nicht über Rückschläge sondern bleib dran.

BESSERES ZEITMANAGEMENT IM BERUFSALLTAG

Mit unseren Jobs verbringen wir einen Großteil unseres Lebens. Deshalb ist es legitim, dass wir versuchen sollten in einer Umgebung zu arbeiten, in der wir uns wohlfühlen und wo möglichst gute Arbeitsbedingungen herrschen. Wir haben bereits einen Großteil der Zeitfresser und Stellschrauben angesprochen, die sich auch auf dein Berufsleben auswirken.

Im Berufsleben solltest du deine Zeitdiebe kennen und ausschalten. Außerdem helfen dir Routinen eine feste Struktur zu etablieren, die dich auch durch Zeiten mit hohem Arbeitsaufkommen ruhig und strukturiert bleiben lassen. Aber es gibt noch weitere Punkte, die dir helfen, am Arbeitsplatz produktiv zu sein und dadurch insgesamt Zeit zu sparen.

Das Betriebsklima.
Das Betriebsklima spielt eine wichtige Rolle, denn wenn das gesamte Team gut zusammen arbeitet, wirkt sich das wiederum positiv auf deine Konzentration und Leistungsfähigkeit aus. Wenn hingegen alle gegeneinander arbeiten oder eine hohe Unzufriedenheit im Unternehmen herrscht, wirkt sich das auch negativ auf deine Leistung aus. Das Betriebsklima kannst du natürlich nur begrenzt beeinflussen. Gib dein Bestes, um zu einem positiven Klima beizutragen, aber setze auch deutlich deine persönlichen Grenzen und lasse dich vor allen Dingen nicht ausnutzen.

Wie das geht, habe ich dir bereits im Thema Zeitdiebe beschrieben.

Dein Arbeitsplatz.

Ein weiterer Punkt ist dein Arbeitsplatz. Du solltest dich dort natürlich wohlfühlen aber ihn nicht mit Souveniers von zu Hause überdekorieren - schließlich wohnst du nicht im Büro. Ein sauberer Arbeitsplatz, der nur das Nötigste an Materialien enthält, die du zum Arbeiten brauchst, hilft dir den Überblick zu behalten und unterstützt deine Konzentration. Außerdem findest du schneller, was du brauchst und sparst Zeit beim Aufräumen und Saubermachen. #Minimalismus am Arbeitsplatz

Frische Luft.

Regelmäßig lüften muss sein, damit du mit ausreichend Sauerstoff versorgt wirst und konzentriert bleibst. Wenn du Pflanzen aufstellen darfst, dann wähle solche, die die Raumluft filtern und Sauerstoff abgeben. Das können zum Beispiel Efeutute, Hanfbogen und Grünlilie. Solche Pflanzen verbessern nachweislich das Raumklima und können damit unter anderem dazu beitragen, dass Kopfschmerzen weniger häufig auftreten.

Tageslicht.

Bei direktem Tageslicht fühlen wir uns am fittesten. Wir sind wach und konzentriert. Aber natürlich gibt es auch trübe und dunklere Tage. Dann fällt es uns oft schwerer bei der Sache zu bleiben und wir werden schneller müde. Helfen können in diesem Fall Lampen, die das Tageslicht simulieren. Vollspektrum Tageslichtlampen beziehungsweise - LED kommen der Lichtfarbe der Mittagssonne am nächsten. Bei uns in Nordeuropa entspricht das etwa 6000 Kelvin. Am besten wirken die Lampen, wenn sie großflächig eingesetzt werden und den ganzen Raum erhellen, sie helfen aber auch schon als Schreibtischlampe.

Pausen.

Du solltest auf jeden Fall deine Pausen einhalten aber auch was du in den Pausen machst, ist ausschlaggebend für deinen weiteren Tagesverlauf. Wenn du dich in der Pause kaum bewegst und ungesundes, schweres Essen zu dir nimmst ist vorprogrammiert, dass du aus dem Mittagstief nicht mehr heraus kommst. Achte auf eine gesunde Ernährung und gehe - wenn möglich - an die frische Luft um neue Energie für den restlichen Arbeitstag zu schöpfen. Dein Essen und Snacks kannst du sehr gut zu Hause vorbereiten und mitnehmen. Dann bist du für alle Fälle gewappnet.

Bewegung.

Auch kurze Bewegungspausen oder Atemübungen zwischen einzelnen Tätigkeiten tun gut, um den Kreislauf in Schwung und neuen Sauerstoff ins Gehirn zu bringen. Damit hältst du deine Leistungsfähigkeit auf einem konstant hohen Niveau.

Home Office.

Wenn du im Großraumbüro sitzt, aber alleine und ungestört viel produktiver arbeiten kannst, dann beweise es deinem Chef: Biete an, zunächst probeweise einzelne Tage im Home Office zu arbeiten. In manchen Berufen ist dies zwar leider nicht machbar aber die Corona Pandemie hat uns gezeigt, dass viele Unternehmen von ihrer starken Abneigung gegen Home Office abgewichen sind. Was vorher unmöglich schien, ging auf einmal doch. Es kommt also auf einen Versuch an.

WELCHE ZEITMANAGEMENT METHODE PASST ZU MIR?

Du hast nun schon viele verschiedenen Aspekte kennengelernt, die im Zeitmanagement eine entscheidende Rolle spielen. In diesem Kapitel möchte ich dir einige Methoden des Zeitmanagements vorstellen, um noch mehr Wissen und Möglichkeiten für dein persönliches Zeitmanagement zu geben.

Zuerst: Methoden im Bereich Zeitmanagement gibt es, wie bereits erwähnt, wie Sand am Meer. Die Kunst ist vielmehr eine Methode zu finden, die wirklich zu dir passt. Das ist individuell abhängig von deinem Typ und davon wie du grundsätzlich mit deiner Zeit umgehst. Magst du gerne To-Do-Listen oder fühlst du dich dadurch eher unter Druck gesetzt? Lenkst du dich immer wieder selbst ab oder schiebst Dinge vor dir her? Oder vielleicht bist du zu Beginn auch überengagiert, so dass die Energie gar nicht für den ganzen Tag reicht? Schaue auf dich selbst, um herauszufinden, welche der nachfolgenden Zeitmanagement-Methode am besten zu dir passt.

PARETO-PRINZIP

Das Pareto-Prinzip ist eine der beliebtesten und effizientesten Zeitmanagement-Methoden unserer Zeit. Entwickelt wurde es von Vilfredo Pareto, einem Ökonomen aus dem 19. Jahrhundert.

Das Pareto-Prinzip ist auch unter dem Namen Pareto-Effekt oder 80-20-Regel bekannt. Pareto erkannte, dass ein Fünftel und damit 20 Prozent der italienischen Staatsbürger etwa 80 Prozent des Grundbesitzes in Italien besaßen. Daraus leitete der Italiener eine wichtige Regel ab: Italienische Banken sollten sich in ihren Geschäften ausschließlich auf die wichtigen 20 Prozent konzentrieren, die tatsächlich viel Vermögen besitzen.

Das Pareto-Prinzip besagt damit, dass du mit 20 Prozent des Aufwandes 80 Prozent des Erfolges erzielen kannst. Bezogen auf dein Zeitmanagement bedeutet dies, dass du mit den richtigen Prioritäten bereits 80 Prozent deiner Arbeit erledigen kannst und dabei nur 20 Prozent deiner verfügbaren Zeit einsetzen musst. Zweck dieses Prinzips ist es also, mit möglichst wenig Aufwand ein möglichst gutes Ergebnis zu erzielen. Das ist immer dann interessant, wenn dir eigentlich gar nicht genügend Zeit für deine Aufgaben bleibt. Gerade wenn du feste Deadlines hast, kannst du mit der Pareto-Methode zielgerichteter arbeiten. Für Frauen, die zu Perfektionismus neigen, ist das Pareto-Prinzip eine gute Methode um zu lernen, wie sie ihre Energie sinnvoll einsetzen können.

Ein gutes Beispiel, wie das Prinzip im Privatleben angewendet werden kann ist folgendes: Es kündigt sich Besuch bei dir an allerdings ist deine Wohnung in keinem vorzeigbaren Zustand. Du kannst bereits jetzt absehen, dass du es zeitlich nicht schaffst, die gesamte Wohnung auf Vordermann zu bringen. Du hast eine strikte Deadline bis zu der du fertig sein musst und möchtest in der verfügbaren Zeit ein möglichst gutes Ergebnis erzielen.

In dieser Situation setzt du deine Prioritäten so, dass du nur die Bereiche aufräumst und reinigst, die dein Besuch zu Gesicht bekommt und dort auch nur, was offensichtlich ist und sofort zu einem ordentlichen Eindruck beiträgt. Fenster putzen und andere Aufgaben, die keinen großen Effekt hätten dich aber überdurchschnittlich viel Zeit kosten, lässt du weg. So erreichst du mit wenigen Handgriffen ein gutes Ergebnis.

Ein klassisches Beispiel für das Pareto-Prinzip im Berufsleben geschieht durch die vorherige Analyse des Kundenstammes. Wenn du herausfindest, welche 20% an Kunden, für 80% des Umsatzes verantwortlich sind, solltest du dich auf diese 20% konzentrieren, um bestmögliche Ergebnisse zu erzielen.

POMODORO-TECHNIK

Die Zeitdiebe haben wir schon ganz genau unter die Lupe genommen und wissen daher, dass sie quasi überall lauern. Unser Ziel ist es, den Feinden der Produktivität zu widerstehen und über längere Zeit ohne Ablenkung an einer Aufgabe zu arbeiten. Das gelingt dir mit dieser Technik spielend. Die Pomodoro-Technik (italienisch pomodoro = Tomate) ist nämlich sehr gut für Menschen geeignet, die sich leicht ablenken lassen. Entwickelt wurde sie von Francesco Cirillo und sie hat nur eines mit der Tomate zu tun: Cirillo benannte die Technik nach einer Küchenuhr in Tomatenform, weil er eine solche für die ersten Versuche seiner Technik nutzte.

Bei dieser Methode werden alle Aufgaben in Einheiten von je 25 Minuten zerteilt. Zwischen jeder Einheit werden immer genau fünf Minuten Pause gemacht. Erst wenn vier Intervalle von 25 Minuten vergangen sind, wird eine längere Pause von 20-30 Minuten gemacht. Ein Intervall wird dabei als „pomodoro“ bezeichnet. Inzwischen gibt es auch weitere Varianten dieser Technik mit anderen Zeitintervallen. Die 25 Minuten sind jedoch der Klassiker.

Die Pomodoro-Methode glänzt durch ihre Einfachheit. Du brauchst dir nur die Stoppuhr stellen und arbeitest dann effektiv für 25 Minuten. Damit sich dein Gehirn bewusst ablenken darf, hast du danach fünf Minuten Pause. Dann startest du mit der nächsten Einheit. Das feste Zeitfenster von 25 Minuten hilft dir dabei, dich über längere Zeit auf eine Sache zu konzentrieren. Deinem Gehirn hilft es dabei vor allem zu wissen, dass es sich zunächst nur für 25

Minuten konzentrieren muss. Die Technik funktioniert also durch einen psychologischen Trick. Größere Aufgaben erscheinen durch das Arbeiten und Pausieren in festen Zeitintervallen nicht mehr so langwierig und können dadurch besser bewältigt werden.

Besonders wichtig ist es, dass du alle äußeren Störquellen reduzierst, um wirklich ungestört arbeiten zu können: Smartphone weglegen, den E-Mail Posteingang lautlos, etc. In den fünf Minuten Pause solltest du dich möglichst bewegen und etwas trinken um fit zu bleiben.

Forschungen zeigen, dass man mit der Pomodoro-Technik bessere Ergebnisse erzielen und leichter innovative Lösungen findet, weil man sich konzentriert mit einer Sache auseinandersetzt und kein Mutitasking betreibt. Durch die vielen kleinen Pausen kann man die Leistungsfähigkeit außerdem länger auf einem hohen Niveau halten. Nebenbei trainierst du mit der Pomodoro-Methode deine Selbstdisziplin, weil du deine Impulse besser kontrollieren lernst. Du wirst mit dieser Methode also schneller und effektiver arbeiten und besser mit deiner Energie haushalten. Dadurch hast du anschließend mehr Zeit und kannst deine Pausen oder den Feierabend danach für deine Freizeit nutzen.

Wirkliche Nachteile hat diese Methode nicht. Die einzige Herausforderung ist, dass du einzuschätzen lernst, was du in einem Intervall alles schaffen kannst. Sonst kann es dir passieren, dass du mitten aus deiner Aufgabe gerissen wirst. In diesem Fall stört die Technik eher deinen Workflow.

EISENHOWER-MATRIX

Wenn es dir schwerfällt Prioritäten zu setzen und du der Typ bist, alles sofort und selbst erledigen zu wollen, dann ist diese Methode sehr gut für dich geeignet.

Nach dem Eisenhower-Prinzip weist du zunächst alle anstehenden Aufgaben vier Feldern zu. Die Unterteilung der Aufgaben erfolgt in A-D oder 1-4. Wie du die Felder nennst ist egal, gleichbleibend ist nur die Bedeutung.

A = Wichtig und dringend.
Diese Aufgaben sind am Wichtigsten und sollten sofort von dir selbst erledigt werden, damit weitere Probleme vermieden werden. Typische Aufgaben für diesen Bereich sind zum Beispiel wütende Kunden, Projekte mit naher Deadline, Anfragen die einer baldige Antwort bedürfen, Streit mit dem Partner.

B = Wichtig aber nicht dringend.
Diese Aufgaben müssen nicht sofort von dir erledigt werden, dürfen aber auch nicht unbearbeitet bleiben. Am besten du legst dir hierfür einen Termin fest. Beachte, dass das die Aufgaben sind, die meistens zu kurz kommen aber einen großen Effekt auf Erfolg und Zufriedenheit haben. Typisch für B-Aufgaben sind zum Beispiel eine Strategieplanung, netzwerken, Routine-Meetings, Weiterbildung oder die persönlichen Ziele.

C = Unwichtig und dringend.
Aufgaben, die nicht von dir persönlich bearbeitet werden müssen, weshalb du sie bestenfalls delegierst. Wenn dies nicht möglich ist, sollten sie direkt nach den A-Aufgaben

von dir erledigt werden. Typische Beispiele für diesen Aufgabentyp sind triviale Routine- oder Verwaltungsaufgaben, bestimmte E-Mails und Besorgungen. Alles Dinge, die auch jemand anderes für dich erledigen kann.

D = Unwichtig und nicht dringend.
Diese Aufgaben sollten nach Möglichkeit komplett vermieden werden, weil sie nichts zu unserem Ziel beitragen und uns eher davon ablenken. Aufgaben, die zu diesem Typus gehören sind zum Beispiel zielloses surfen im Internet, mit Kollegen tratschen, Bilder in den sozialen Netzwerken posten - es sei denn, das gehört zu deinem Job.

Das Eisenhower-Prinzip lässt sich sowohl im beruflichen als auch im privaten Bereich anwenden. Durch die Unterteilung der Aufgaben lernst du, dass nicht alle Dinge die gleiche Priorität haben. Wenn du zu den Frauen gehörst, die alle Aufgaben als gleich wichtig ansehen und deshalb auch alles gleichzeitig erledigen wollen, musst du dich zu einer Priorisierung zwingen. Landen ohnehin beinahe alle To-Do´s in Kategorie A, hat das Eisenhower-Prinzip keinen Sinn. Es muss sich deshalb um Aufgaben handeln, die sich deutlich voneinander unterscheiden.

ALPEN-METHODE

Hierbei handelt es sich um eine Technik, die dir dabei helfen kann, eine bessere Struktur in den Tag zu integrieren und somit deinen Alltag besser zu organisieren. Du kannst die ALPEN-Methode sowohl im beruflichen als auch im privaten Bereich anwenden.

Zunächst einmal die ALPEN-Methode im Überblick:

A - Aufgaben, Termine, Aktivitäten notieren

L - Länge einschätzen

P - Pufferzeiten einplanen

E - Entscheidungen treffen

N - Nachkontrolle

Auch die ALPEN-Methode hilft dir einen optimalen Zeitplan zu erstellen. Diesmal, indem du einen festen Rahmen erschaffst, mit dem du unproduktive Phasen und Ablenkungen vermeidest. Schauen wir uns die einzelnen Schritte etwas genauer an:

A: Du verschaffst dir zunächst eine Übersicht über alle Aufgaben die grundsätzlich anstehen. Die Aufgaben müssen genau beschrieben werden, damit du weißt, was die jeweilige Aufgabe tatsächlich beinhaltet. Die einzelnen Tätigkeiten sollten daher so konkret wie möglich dargestellt werden.

L: In diesem Schritt schätzt du die Länge der Aufgaben ein. Wie lange wirst du für die Aufgaben benötigen? Am Ende werden alle Zeiten auf addiert. Hierdurch lernst du nicht nur etwas über deine eigene Arbeitsweise sondern der Schritt hilft dir auch realistisch einzuschätzen, was du an einem Tag leisten kannst. Das ist oftmals nämlich nicht der Fall und wir unterschätzen, wie viel Zeit wir täglich für die Bewältigung der Aufgaben benötigen.

P: Pufferzeiten müssen hinzugerechnet werden. Es kann immer passieren, dass Aufgaben länger dauern, es Probleme gibt oder du abgelenkt wirst. Die ALPEN-Methode berücksichtigt dies und rät dazu, nur 60 Prozent deiner Arbeitszeit zu verplanen. Die restlichen 40% sind Pufferzeit, die nicht verplant wird. So verhinderst du starken Zeitdruck und Stress. Außerdem verlieren viele Menschen schnell die Motivation wenn sie merken, dass sie ihrem Zeitplan hinterherhinken. Dem wird durch das Einplanen der Pufferzeiten entgegengewirkt.

E: Entscheidungen treffen ist der nächste Punkt. Du musst entscheiden, wann du welche Aufgabe am Tag bewältigen möchtest. Hier gilt: Aufgaben, die wichtig und dringlich sind sollten zuerst bearbeitet werden. Welche Aufgaben können rausfallen, weil du sie nicht selbst erledigen musst oder sie auch später bearbeitet werden können? Bei der Entscheidung um die Einteilung der Aufgaben kann dir zum Beispiel die Eisenhower-Matrix helfen. Entscheidungen triffst du so lange, bis 60 Prozent deiner verfügbaren Zeit mit den Aufgaben verplant und die Tagesplanung somit komplett ist. Dann geht es los mit der Umsetzung.

N: Nachkontrolle. Nach Beendigung deiner Arbeit, überprüfst du, wie gut deine Planung aufgegangen ist. Das ermöglicht dir, aus Fehlplanungen oder schlechten Entscheidungen zu lernen und diese in in Zukunft zu vermeiden. Im Idealfall konntest du mit Hilfe der Methode alle Aufgaben erledigen, warst effizient und hast nicht unnötig Zeit verloren.

Wenn du feste Aufgaben und Planungen magst, dir deine Aufgaben und deine Zeit selber einteilen kannst, dann bist du bei der ALPEN-Methode genau richtig. Durch die klaren Vorgaben macht sie den Tagesablauf transparenter. Du lernst, deine Zeit besser einzuschätzen und kannst deine gesetzten Ziele besser kontrollieren. Bist du bei deinen Aufgaben von deinen Kollegen oder anderen Personen abhängig, wird es schwierig diese Methode anzuwenden. Die ALPEN-Methode erfordert zudem einiges an Selbstdisziplin und ist sehr strikt. Wenn du die Methode dadurch eher als Einschränkung empfindest, ist sie nicht die richtige Wahl für dich.

SMART-METHODE

Wenn es dir schwerfällt, deine Ziele erfolgreich zu formulieren, dann ist diese Methode aus der Betriebswirtschaft genau das Richtige für dich.

Hinter jeder Aufgabe steckt letztlich ein Ziel, das es zu erreichen gilt. Ohne konkrete Ziele fällt es uns schwer, produktiv zu arbeiten und motiviert zu bleiben. Die SMART-Methode hilft dir dabei deine Ziele so zu formulieren, dass sie den Erfolg der Aufgaben oder Projekte sicherstellen und dir Orientierung geben wird. Mit der SMART-Methode formulierst du deine Ziele anhand fünf fester Kriterien, die wie eine Formel wirken. Deine Ziele sind nach dieser Methode

S - Spezifisch

M - Messbar

A - Attraktiv / Akzeptiert

R - Realistisch

T - Terminiert

Was bedeutet dies im Einzelnen?
Spezifisch: Ziele sollten möglichst konkret sein, um sie erfolgreich verfolgen zu können. Die Beschreibung des Ziels sollte dabei so einfach und genau sein, dass es auch für Außenstehende verständlich ist.

Messbar: Benenne nur Ziele die tatsächlich messbar sind. Wenn du abnehmen möchtest, sollte das Ziel nicht sein:

„Ich will abnehmen.“, sondern „Ich möchte 10 kg abnehmen.“ Nur dann kannst du messen, in wie weit du dein Ziel erreicht hast.

Attraktiv/Akzeptiert: Ziele sind attraktiv, wenn sie dich motivieren. Deine Ziele sollten deshalb auch motivierend und positiv formuliert sein.

Realistisch: Ziele sollten anspruchsvoll, aber erreichbar sein. Jedes Ziel sollte deshalb realistisch formuliert sein. Unrealistische Ziele senken deine Motivation und werfen dich eher zurück.

Terminiert: Jedes Ziel sollte eine erreichbare Terminvorgabe haben, damit es nicht einfach so in der Luft schwebt und nicht klar ist, bis wann das Ziel überhaupt erreicht werden muss.

Verdeutlichen wir die Methode mit einem Beispiel. Mark Twain, sagte einmal: „Es ist kinderleicht das Rauchen aufzugeben. Ich habe es schon tausendmal gemacht.“ Vielleicht, hätte er mehr Erfolg gehabt, wenn er sein Ziel wie folgt formuliert hätte:

- Spezifisch: Ich höre auf zu rauchen.
- Messbar: Dafür reduziere ich meinen Zigarettenkonsum auf Null.
- Attraktiv: Als Nichtraucher stärke ich meine Gesundheit und habe ein geringeres Risiko schwer zu erkranken.
- Realistisch: Andere haben es geschafft, also schaffe ich es auch!

- Terminiert: Ich fange jetzt an.

Sinnvoll ist die SMART-Methode vor allem bei größeren Zielen. Wenn du nur staubsaugen möchtest, lohnt es sich natürlich nicht, dass Ziel extra „smart“ zu formulieren. Das steht nicht im Verhältnis zu der Aufgabe, die erledigt werden muss. Für grundsätzliche Zielsetzung ist diese Methode jedoch genau das Richtige.

TO-DO-LISTE

Wenn du gerne mit Listen arbeitest kennst du sie natürlich: Die To-Do-Liste. Eine der einfachsten Zeit- und Selbstmanagement-Techniken, die es gibt. In To-Do-Listen werden sämtliche Aufgaben aufgelistet, die es zu erledigen gilt. Mehr braucht es nicht. Egal, ob auf Papier, als digitale Notiz oder in einer App: Man weiß direkt was anstehst und fühlt sich, dadurch dass man die Aufgaben schwarz auf weiß vor sich sieht auch eher verpflichtet die To-Do´s abzuarbeiten. Das Aufschreiben hat außerdem einen großen psychologischen Effekt: Aufgaben und Termine ständig im Kopf behalten zu wollen und die Sorge zu haben, dass man doch etwas vergisst ist wahnsinnig anstrengend für unser Gehirn.

Die Methode der To-Do-Liste ist simpel und doch gibt es einige Punkte, die man bei der Erstellung und Bearbeitung beachten sollte. Die häufigsten Fehler, die bei der Erstellung von To-Do-Listen gemacht werden, sind zu viele Aufgaben aufzuführen und diese zudem nicht zu terminieren. Solche Listen haben mehrere Schwachpunkte:

- Du kannst die Aufgaben nur noch schwer priorisieren. Dadurch machst du unwichtige Aufgabe zuerst und wichtige Aufgaben bleiben aufgrund von mangelnder Zeit eventuell sogar unerledigt.
- Du verlierst den Überblick und die Motivation, weil gar nicht alles zu schaffen ist.

Um der To-Do-Liste eine bessere Struktur zu geben und damit für größere Erfolgschancen bei der Erledigung zu sorgen, empfehle ich dir, die Aufgaben in wenige Kategorien einzusortieren, die den Faktor Zeit berücksichtigen. Diese könnten heißen:

- Dringend / Sofort
- Bald erledigen
- Kann warten

Das Setzen von Prioritäten innerhalb deiner To-Do-Liste sorgt für mehr Klarheit und hilft, den Fokus auf die wichtigen und dringenden Aufgaben zu legen. Wenn du einmal etwas aus der zweiten oder dritten Kategorie nicht gleich schaffst, dann weißt du, dass es nur halb so schlimm ist und in den nächsten Tagen nachgeholt werden kann. Das stresst deutlich weniger als zu wissen, dass etliche Punkte auf deiner To-Do-Liste nicht abgehakt sind.

NOT-TO-DO-LISTE

Zusätzlich zur üblichen To-Do-Liste gibt es auch die sogenannte Not-To-Do-Liste. Hier kannst du Dinge notieren, die du nicht selbst übernehmen möchtest, sondern jemand anderem überlassen wirst. Eine Not-To-Do-Liste kannst du auch nutzen, wenn du bestimmte Dinge gezielt unterlassen möchtest. Fixiere solche Sachen schriftlich und hake sie ab, wenn du es geschafft hast, sie tatsächlich zu unterlassen. Wenn es dir beispielsweise schwer fällt Aufgaben abzugeben, weil du nicht gut delegieren kannst, kann das Arbeiten mit der Not-To-Do-Liste helfen.

Je nachdem, zu welchem Zeitmanagement-Typ du gehörst, kannst du vielleicht beide Arten nutzen.

Wenn du gut mit Listen arbeiten kannst und ein noch ausgefeilteres System suchst, schau dir die Getting Things Done Methode an.

GETTING THINGS DONE (GTD)

Bei Frauen ist es häufig der Fall, dass sich berufliche und private Verpflichtungen überschneiden. Dann gehen auch schon mal Termine unter oder es entstehen kleine Zeitfenster, die nicht optimal genutzt werden. Um dem entgegenzuwirken und den Überblick über die To-Do's zu behalten ist GTD ideal. Diese Selbstmanagement-Methode wurde vom US-amerikanischen Autor David Allen erfunden. Vereinfacht gesagt beinhaltet sie sämtliche To-Do's schriftlich zu fixieren, damit der Kopf zur Ruhe kommen kann.

Diese Zeitmanagement-Methode unterscheidet sich von der einfachen To-Do-Liste, da ihre Grundlage ein umfassendes System aus Listen mit Terminen und Notizen ist, die dir dabei helfen, den Überblick zu behalten.

Mit GTD musst du dir keine Sorgen mehr machen, dass du etwas vergisst. Sobald ein neuer Punkt auftaucht, wird dieser sofort auf der To-Do Liste notiert. Größere Aufgaben werden bei dieser Technik in kleinere Teilaufgaben zerlegt, damit sie besser erfassbar sind. Für jede Aufgabe werden regelmäßige Termine festgelegt, an denen du dich dann mit der Aufgabe beschäftigst und überprüfst, ob du in dieser Angelegenheit bereits vorangekommen bist.

Schauen wir uns die Technik etwas näher an. Nach der Getting-Things-Done-Methode gibt es fünf erforderliche Arbeitsschritte.

Schritt 1: Sammeln.

Alle anstehenden Aufgaben, Termine und spontane Einfälle werden bei GTD immer sofort schriftlich festgehalten und in einem virtuellen oder physischen „Eingangskörbchen" gesammelt. Du kannst die To-Do's einfach auf Papier notieren oder dir digitale Notizen machen. Nur einheitlich sollte es sein, damit die Übersichtlichkeit gewährleistet bleibt und eine einheitliche Bearbeitungsweise stattfinden kann.

Schritt 2: Verarbeiten.

Nachdem du alle Eingänge gesammelt hast, müssen diese verarbeitet werden. Zunächst schaust du dir daher jeden einzelnen Eingang an und sortierst ihn entsprechend einer der folgenden Kategorien zu:

- Um welche Art von Aufgabe handelt es sich?
- Kann ich jetzt sofort etwas unternehmen, um die Aufgabe zu bearbeiten?
- Was ist der nächste Schritt?

Die Aufgaben, Termine und Informationen werden - wie oben genannt - geordnet, damit du genau weißt, wo die jeweilige Aufgabe angesiedelt ist. Wichtig ist, dass du direkt die Entscheidung triffst, wie es weitergehen soll und nichts zurück in die Eingänge legst. Für Aufgaben, die nicht notwendig sind oder die du nicht selbst machst, gibt es mehrere Optionen: Du kannst sie delegieren, entsorgen, archivieren oder auf eine Vielleicht/Irgendwann Liste setzen.

Wenn du eine Aufgabe vor dir hast, deren Bearbeitungsdauer unter 2 Minuten liegt, dann erledige sie sofort und überführe sie nicht in das GTD System.

Schritt 3: Organisieren.

Die einzelnen To-Do's werden nun unter sinnvollen Kategorien gesammelt und von dort aus weiterbearbeitet. Diese Kategorien sind entsprechend der Aufgaben und daraus folgenden Handlungen individuell. Zum Beispiel könntest du eine Liste „Anrufe“ nennen, wenn du viele Telefonate führen musst. Oder auch „Nächste Projekte“, „Irgendwann“, etc.

Termine trägst du direkt in deinen Kalender ein.

Jede Aufgabe, die mehr als einen Schritt umfasst, ist nach GTD ein Projekt. Zu erledigende Aufgaben kommen auf eine „Nächste Schritte“ Liste oder du erfasst sie direkt als Projekt und kannst sie weiter in Teilschritte zerlegen. Die Projektlisten versiehst du mit einer Deadline. Achte auf jeden Fall darauf, dass deine Projekte kontextbezogen bleiben. Das bedeutet, dass z.B. dein Haushalt und dein Job je eine eigene Projektliste bekommt. So lassen sich die einzelnen Kategorien gut voneinander abgrenzen.

Zusätzlich wird eine sogenannte Erinnerungsliste empfohlen. Hierin sind alle delegierten Aufgaben außerhalb von Projekten aufgelistet.

Schritt 4: Durchsehen.

Alleine vom Aufschreiben erledigen sich die Dinge nicht. Damit das System funktionieren kann ist es sehr wichtig, dass du deine Listen regelmäßig anschaust und Fortschritte protokollierst. Damit du nichts verpasst, solltest du mehrfach täglich deinen Terminkalender checken, ein mal täglich den Posteingang leeren und daraufhin deine Aufgabenlisten aktualisieren. Nur mit einem aktuellen System kannst du dir sicher sein, nichts zu vergessen.

Schritt 5: Erledigen.

Täglich solltest du so viele Aufgaben wie möglich erfüllen. Immer wenn du Zeit hast, schaust du daher auf deine Listen und überlegst, was du als Nächstes erledigen kannst. Dabei ist der Kontext, also wo befindest du dich gerade? und die Frage nach deiner verfügbaren Zeit entscheidend. Dazu kommt noch die Leistungsbereitschaft und Energie die du momentan noch hast, aber auch die Priorisierung deiner Aufgaben. Dementsprechend ergibt sich, welche Aufgaben du als nächstes erledigen kannst. Wenn du zum Beispiel gerade im Flugzeug sitzt, brauchst du dich logischerweise nicht um die Liste „Anrufe" zu kümmern und kannst auch nichts machen, wozu du persönlich vor Ort sein musst.

Die GTD-Methode ist beliebt, eignet sich aber definitiv nicht für jeden. Viele Menschen fühlen sich durch die Struktur eingeschränkt und ein berechtigter Kritikpunkt ist, dass man schlechtestenfalls mehr Zeit mit dem planen verbringt als damit, die Aufgaben wirklich zu erledigen. Fest steht außerdem, dass die Systematik sehr komplex wirkt und daher erst einmal verstanden werden muss. Hast du die Strukturen verinnerlicht, geht es natürlich wesentlich schneller. Für Menschen, die alles ganz genau strukturieren und planen wollen, kann die Methode aber durchaus gut geeignet sein, um den Überblick zu behalten und nichts zu vergessen. Für mehr Klarheit und Fokus sorgt, dass die Anwender alle To-Do's zuverlässig im Blick haben und genau wissen, wann diese benötigt oder erledigt werden müssen.

EAT-THAT-FROG-PRINZIP

Wer würde schon gerne einen Frosch essen?! Mit dem Frosch ist natürlich kein richtiger Frosch gemeint. Er ist vielmehr eine Metapher für die unangenehmste Aufgabe, die an diesem Tag vor dir liegt. Eine Aufgabe, die so unangenehm oder schwierig ist, dass du sie am liebsten nicht sofort erledigen möchtest. Damit eignet sich diese Zeit- und Selbstmanagment-Methode besonders für Menschen, die unangenehme Dinge gerne vor sich herschieben. Ich verweise an dieser Stelle auch gerne nochmal auf das Kapitel Prokrastination.

Brian Tracy, der Erfinder des Eat-that-Frog-Prinzips, hat natürlich Recht: Aufschieben ist der falsche Weg, denn dadurch sammeln sich die Aufgaben immer weiter an und der Druck steigt. Außerdem verschwendest du durch Prokrastiantion eine Menge Zeit und Energie, die dir am Ende des Tages fehlt. Das Erste was du am Tag machst, sollte demnach die Erledigung der unangenehmsten oder schwierigsten Aufgabe deiner To-Do's sein. Das hat den Vorteil, dass du am Anfang des Tages noch konzentriert und energiegeladen bist. Außerdem motiviert diese Methode enorm, da der schwierigste Teil des Tages dann bereits hinter dir liegt und es somit nur noch leichter werden kann. Das, was nach dem Frosch kommt ist dann ein Kinderspiel. Und selbst wenn es danach doch nicht so gut für dich läuft - die wichtigste Aufgabe hast du bereits erledigt. Wie auch schon Mark Twain sagte: „Eat a live frog first thing in the morning and nothing worse will happen to you the rest of the day."

Damit du den Frosch überhaupt erkennen kannst, musst du lernen diejenigen Aufgaben zu identifizieren, die du als unangenehm empfindest und daher lieber vor dir herschiebst. Achte dabei auf dich und deine Gedanken und enttarne den Frosch.

Sehr große Frösche müssen dabei nicht in einem Stück verzehrt werden. Du kannst die Aufgabe in mehrere Teilaufgaben zerlegen und somit in kleinen Häppchen bewältigen. Sobald du begonnen hast wirst du merken, dass die Aufgabe gar nicht so schwer ist wie du dachtest und sie wird dir leichter von der Hand gehen. Mach am Ende visuell deutlich, was du schon geschafft hast: Markiere, hake ab oder streiche durch, was du geschafft hast. Das wird dir ein noch besseres Gefühl geben!

Wenn du diese Methode ein wenig geübt hast, gibt es keine Ausreden mehr für dich.

FAZIT

Du hast nun einen Überblick über einige der bekanntesten und beliebtesten Zeitmanagement-Methoden gelernt. Es gibt noch viele, viele mehr. Jede dieser Techniken soll dabei helfen, dein Leben besser zu strukturieren sowie besser mit deiner Zeit und Energie hauszuhalten. Bestimmt hast du beim Durchlesen schon das Gefühl gehabt, dass bestimmte Methoden besser zu dir passen als andere. Das ist richtig. Nur du kannst herausfinden, was für dich und deine Ziele funktioniert und was nicht. Die eine Methode,die für alle zu 100% funktioniert, gibt es nicht. Probiere aus, kombiniere oder vielleicht erfindest du sogar selbst eine eigene Technik, die dann besonders gut zu dir passt.

SCHLUSSWORT

Wir sind zwar am Ende dieses Ratgebers angekommen aber du bist schon mittendrin auf deiner Reise zu einem besseren Zeitmanagement. Du hast deine Zeit in Wissen investiert und damit den ersten Schritt für eine positive Veränderung gemacht.

Zu vielen Themen, die ich in diesem Buch nur angeschnitten habe, gibt es sehr gute weiterführende Literatur. Vielleicht hast du Lust bekommen, mehr über Themen wie Achtsamkeit und Entspannungstechniken, Minimalismus und Mental Load, etc. zu erfahren. Ich möchte dich an dieser Stelle ermutigen, deinem Interesse unbedingt nachzugehen und dich persönlich weiterzubilden. Zeit, die du in Wissen und damit in dich selbst investierst, lohnt sich immer.

Auf den vergangenen Seiten hast du eine umfassende Übersicht über die Herausforderungen unserer Zeit bekommen. Du hast erfahren, warum persönliche Ziele so wichtig sind und wie man sie als Motivator für sich nutzen kann.

Du hast verschiedene Arten von Zeitdieben kennengelernt und welche Maßnahmen du ergreifen kannst, um sie unschädlich zu machen. Du hast gelernt, dass Stress sehr individuell empfunden wird und wie du mit Achtsamkeit im Alltag besser damit umzugehen lernst. Und du hast erfahren, dass Routinen nicht langweilig sein müssen, sondern ganz persönlich gestaltet werden können und dich damit auch durch stressige Zeiten tragen.

Du hast es nun in der Hand dieses Wissen auch anzuwenden. Wenn du wirklich etwas an deiner momentanen Situation verbessern möchtest, musst du jetzt selbst aktiv werden und ins Handeln kommen. Mache dir bewusst: Es ist wie es ist aber es wird, was du daraus machst.

Aus den verschiedenen, dargestellten Bausteinen kannst du dir nun selbst dein optimales Zeitmanagement aufbauen. Durch Ausprobieren findest du die Techniken und Methoden, die zu deinem Leben passen. Dann wirst du sehr schnell feststellen, wie sich dein Alltag immer mehr zum Positiven hin verändert.

Eines Tages oder Tag Eins - du entscheidest!

EINE BITTE

Schenkst du mir ein paar Minuten deiner wertvollen Zeit? Ich bitte dich darum, deine Meinung über diesen Ratgeber zu teilen.

Konnte ich dir mit dem ganzheitlichen Ansatz des Zeitmanagements etwas Neues vermitteln? Haben dir die Tipps und Anregungen weitergeholfen? Dann hinterlasse eine positive Bewertung für dieses Buch bei Amazon. Du hilfst mit deiner Rezension anderen herauszufinden, ob der Ratgeber auch für sie hilfreich ist.

Du hast etwas im Buch vermisst oder erwartet, dass auf bestimmte Themen näher eingegangen wird? Hilf mir, das Buch für die nächste Auflage zu verbessern und schreibe mir an: info@blue-hour-publishing.com

Egal ob positive oder negative Kritik: Ich danke Dir in jedem Fall schon jetzt für dein ehrliches Feedback!

Herzlichst

Deine Julie

URHEBERRECHT

HAFTUNGSAUSSCHLUSS

Der Inhalt dieses Buches wurde mit großer Sorgfalt erstellt und geprüft. Für die Vollständigkeit, Richtigkeit und Aktualität der Inhalte kann jedoch keine Gewähr übernommen werden. Sollte diese Publikation Links von Webseiten Dritter enthalten, so übernimmt der Autor keine Haftung, da er sich diese nicht zu eigen macht, sondern lediglich auf deren Stand zum Zeitpunkt der Erstveröffentlichung verweist. Der Inhalt dieses Buches repräsentiert die persönliche Erfahrung und Meinung des Autors. Es wird keine juristische Verantwortung oder Haftung für Schäden übernommen, die durch kontraproduktive Ausübung oder durch Fehler des Lesers entstehen. Es kann auch keine Garantie für den Erfolg übernommen werden. Der Autor übernimmt daher keine Verantwortung für das Nicht-Erreichen der im Buch beschriebenen Ziele.

LITERATURVERZEICHNIS

Drexler, Diana (2012), Gelassen im Stress – Bausteine für ein achtsameres Leben, vierte Auflage, Klett-Cotta, S. 27-30

https://karrierebibel.de/eat-the-frog/

https://www.ionos.de/startupguide/produktivitaet/getting-things-done-gtd/

https://www.ionos.de/startupguide/produktivitaet/pomodoro-technik/

https://www.ionos.de/startupguide/unternehmensfuehrung/abc-analyse/

https://www.ionos.de/startupguide/produktivitaet/zeitmanagement-methoden/

https://zeitzuleben.de/10-tipps-sich-selbst-zu-motivieren-2/

https://www.ionos.de/startupguide/produktivitaet/eisenhower-matrix/

https://www.activebeauty.at/leben/mental-load-frauen-strategien

https://www.lernen.net/artikel/zeitmanagement-methoden-tipps-zeiteinteilung-306/

https://www.zeit.de/karriere/2012-08/zeitmanagement-stress/seite-2

https://ifm-business.de/aktuelles/business-news/zeitmanagement-praktische-methoden-fuer-mehr-zeit-und-energie-im-alltag.html

https://www.studienstrategie.de/zeitmanagement/zeitmanagement-tipps/

https://solittletime.de/persoenliche-ziele-finden-eine-anleitung/

https://www.beyourbest.de/zielefinder/

https://www.emotion.de/psychologie-partnerschaft/persoenlichkeit/nein-sagen-lernen

https://www.gesundheitsmanagement24.de/stress-definition-i-stressmanagement-i-stressbelastungen/

https://www.tft-mag.com/business/fuenf-schnelle-tipps-gegen-stress-im-alltag/

https://www.sueddeutsche.de/leben/studie-zur-belastung-im-alltag-jeder-fuenfte-deutsche-leidet-unter-dauerstress-1.1807168

https://www.welt.de/icon/iconista/article187903992/Mental-Load-Wenn-Muetter-und-Frauen-sich-ueberlastet-fuehlen.html

https://www.familie.de/familienleben/eltern/mental-load-immer-an-alles-denken/

https://www.ratbacher.de/blog/zeitmanagement-im-beruf-effektive-tipps-und-methoden/

https://www.absolventa.de/karriereguide/zeitmanagement/stress-im-job

https://www.spektrum.de/lexikon/psychologie/zeit/17090

https://www.weltmaschine.de/physik/fundamentale_fragen/zeit/

Printed in Poland
by Amazon Fulfillment
Poland Sp. z o.o., Wrocław

23498640R00067